昭和天皇の地下壕

「（吹上）御文庫附属室──大本営会議室（地下壕）」の記録

梶原真悟　編著

「（吹上）御文庫附属室―大本営会議室（地下壕）」に
さまざまな立場で登場し、それぞれの役割を果たされた方々、
さまざまな形でその記録を残され、証言された方々、
またその工事・作業に従事された方々、
すべての皆様に本書を捧げたいと思います。

梶原真悟

御文庫附属庫

（撮影　宮内庁）

①　吹上大宮御所（旧御文庫）

②　御文庫附属庫の東側の出入口

③　東側の出入口からの通路

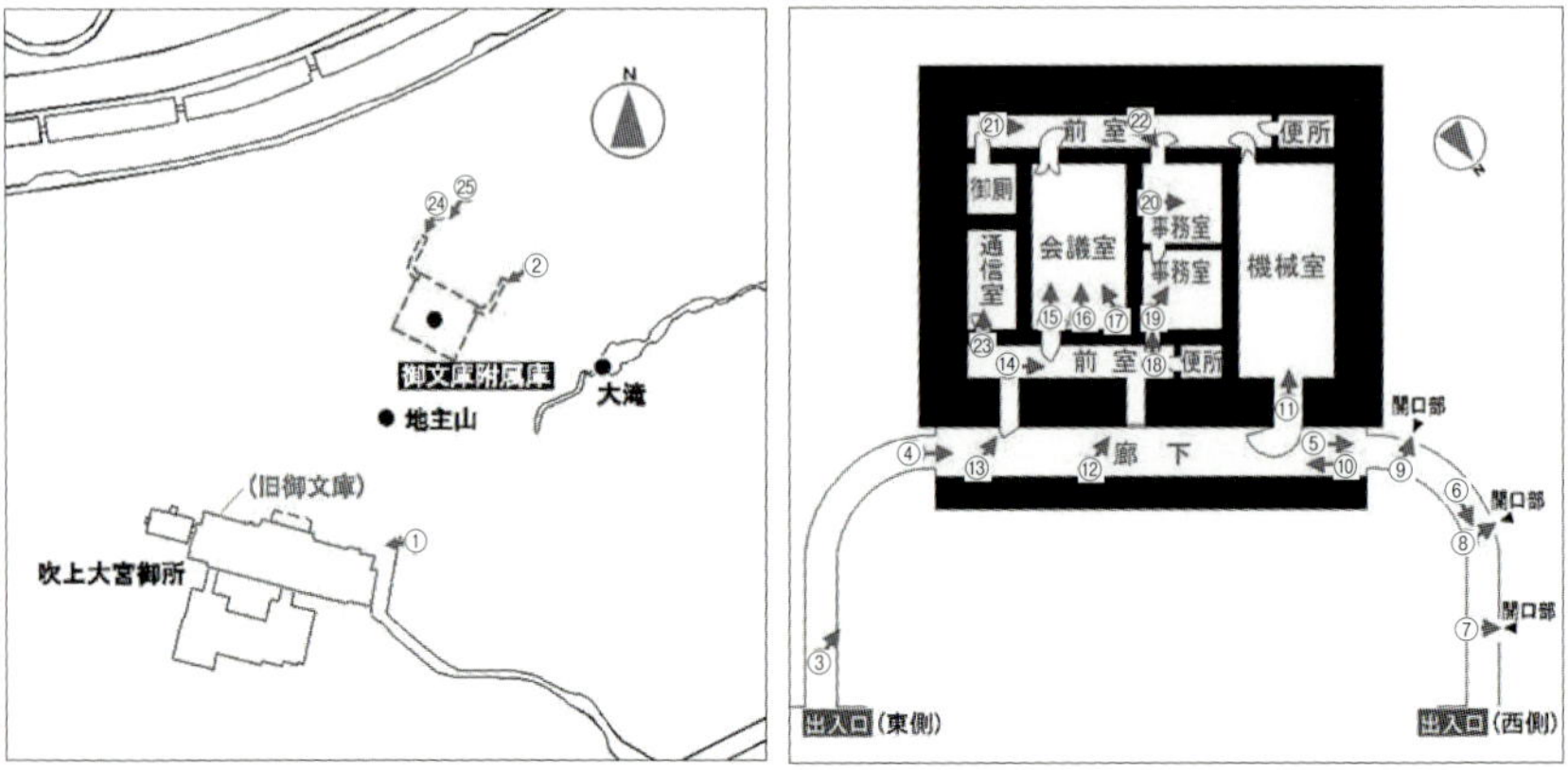

御文庫附属庫写真撮影位置図（＊北の方位にご注意ください）

④　廊下

⑤　廊下と西側の出入口への通路との間仕切り跡

⑥　西側の出入口への通路

⑦　開口部（西側の出入口寄りのもの）

⑧　開口部（中央のもの。御文庫からの地下通路跡）

⑨　開口部（廊下寄りのもの）

⑩　機械室の鉄扉

⑪　機械室

⑫　廊下中央の鉄扉

⑬　廊下東寄りの鉄扉

⑭　会議室北側の鉄扉

⑮　会議室

⑯　会議室

⑰　会議室

⑱　北側の事務室の鉄扉

⑲　北側の事務室

⑳　南側の事務室

㉑　会議室南側の鉄扉

㉒　南側の事務室の鉄扉

㉓　通信室

㉔　西側の出入口

㉕　西側の出入口

目次

はじめに

昭和二〇年八月九日（木）〜一〇日（金）、日本がポツダム宣言の受諾を決めた御前会議が開かれた場所、「御文庫附属室《おぶんこふぞくしつ》」。ここは八月一四日（火）、「いわゆるサブジェクト・トゥ問題」（国体及び天皇の地位の保全の問題）を巡って紛糾し、受諾を最終決定した御前会議が開かれた場所でもあり、いずれも昭和天皇の「ご聖断」が下された場所です。

また八月一五日（水）には、そこで、枢密院本会議が開かれていたのを、一二時前に一時中断し、御文庫附属室の御休所で昭和天皇がみずからの玉音終戦放送を聞かれた場所でもあります。

昭和史の中でも特筆される太平洋戦争終結のクライマックスの舞台のひとつとなったのが、この「（吹上）御文庫附属室―大本営会議室（地下壕）」です。この昭和天皇の地下壕はその性格から、極秘にされ、しかも終戦に伴い、関連するほとんどの記録・書類が焼却され、関与された方の個人的な情報、日記等しか現存しないため、さまざまのことが言われてきました。

私は戦後生まれであり、当時の時代の様相が皮膚感覚ではよく分かりません。残念ながら、場所柄、現地を実査することができないため、頭の中だけで思い描くことしかできませんが、多くの資料から、当時の様子がある程度分かるような気がしてきました。

私は父より、昔軍人であった頃の話として、皇居吹上の地下壕構築の工事に参加したことを聞いていました。

たまたま、平成二一年一月一日の朝日新聞記事に皇居の特集が組まれ、「降伏の御前会議　防空壕で」の記事があり、そのことについて、父からいろんなことを聞きました。昭和一六年の八月から秋にかけて、吹上の地下壕の工事に参加したこと、おそらくその跡は、誰にも知られず、すっかり忘れられ、歴史に埋もれてしまうこと、それが心残りの様子でした。

私は学生の頃から太平洋戦争に関心があり、昭和一六年一二月八日の真珠湾攻撃がなぜ起きたのか、その戦争がどのような経過をたどり、どのようにして終わったのか、私なりに研究もしてきました。

父の体力が衰え、この年（平成二五年）が越せないかもしれないと主治医から言われて、父の体験談を何とか年末までにまとめたいと思いたちました。

調べているうちに、父が構築に従事した吹上の地下壕（御文庫附属室）そのものの歴史をまとめたいと思うようになりました。

さまざまな方々の不思議としか言いようのないご縁により、平成二五年（二〇一五）一二月に『昭和天皇の地下壕「（吹上）御文庫付属室―大本営会議室（地下壕）」の記録』として私家版の発行に漕ぎ着けました。父の生前に間に合わすことができ、私も肩の荷がひとつ下りました。父は翌年四月に九四歳で亡くなりました。

ところがその後、終戦七〇周年ということで、平成二七年八月一日に宮内庁から、御文庫附属室（庫）の映像と、写真などが公表されました。同日付の新聞に大きく報道され、また終戦玉音放送の原盤も公開されました。

私家版ながら前著を出版していたからでしょうか、その数日前にテレビ局から、御文庫附属室に関して取材を受け、宮内庁が公表した映像を見ながらのコメントを求められました。思わず、息を呑みました。頭の中だけで想像していた、あの御文庫附属室が、二十分足らずの映像ではありますが、現地・現物が見られたのです。よもや、実際に見ることができるとは思っていませんでしたので、本当に驚きました。また、地下壕の傷み具合を見て、七〇年余の歳月を感じました。

さらに、『昭和天皇実録』も出版されました。その中には御文庫附属室に関する記事も豊富に収録されていました。

まさかこんなことが起きるとは思ってもいませんでした。

前著はともかく急いで完成させたため、足らないところが多く、思い残すところも多々ありました。本書は、新たに公開された資料、その後出会った資料を加え、なるべく読みやすいように私なりに工夫も加えました。特に昭和二〇年八月の『昭和天皇実録』に記載された文章のうち、歴史的に重要と思われる点を多く引用しました。当時の状況の実相が伝わればと思いました。その時代がいかなる時代であったか考える一助になればと思います。

本書は、あくまで御文庫附属室等に関するありのままの記録です。私の目の届いた限りの文章、証言、史料をそのまま記録しています。約五〇点の資料等から関連するところを抽出しています。昭和天皇の地下壕が歴史の中でどのように記録されてきたかをまとめたものですので、普通の本とは異なります。いろいろの人のその時の立場・状況などにより、明らかに部分的な間違い、勘違い、記憶の混乱もありますが敢えてそのままにしてあります。なるべく多くの人の、多くの視点から、御文庫附属室等の実相を思い浮かばれるようにと考えました。さまざまな著作物・証言・資料等から、御文庫附属室がどのようなものであったたか、時空を超えて、考え、想像したいと思います。

引用には正確を期しましたが、適宜省略した部分もあります。原著者の方々にはお許しを願いたいと思います。

なお、筆者注（本文中＊印で表記しました）は私が加えた注、作者注はすべて原著者の注です。

「昭和天皇の地下壕」と呼ばれたものは、三種類があったようです。

「宮内省第二期庁舎地下（いわゆる金庫室）

「（吹上）御文庫地下二階（いわゆる御文庫）」

「大本営会議室（地下壕）、（いわゆる御文庫附属室）」

の三種です。いずれも昭和天皇用の防空施設です。

混乱を避けるために、まずそれぞれの着工と竣工時期。これを頭に入れておいてください。

①「宮内省第二期庁舎地下（いわゆる金庫室）」

着工　昭和一〇年一月三一日

竣工　昭和一一年一〇月二五日

②「（吹上）御文庫地下二階（いわゆる御文庫）」

着工　昭和一六年四月一二日
竣工　昭和一七年一二月三一日

③「大本営会議室（地下壕）、（いわゆる御文庫附属室）」

第一期工事（戊号演習）　着工　昭和一六年八月一二日
竣工　昭和一六年九月三〇日

御文庫との地下連絡通路　着工　昭和二〇年四月二日
竣工　昭和二〇年五月二〇日

第二期工事（一号演習）　着工　昭和二〇年六月五日
竣工　昭和二〇年七月三一日

本書の書名について説明しておきます。

御文庫の前に（吹上）と付けましたのは、「御文庫」は他にもたくさんあり、吹上の御文庫を意味するために付けました。

「御文庫附属室」は平成二七年八月一日の宮内庁の公表資料では、「御文庫附属庫」とされています。五参考資料の㈣3にありますように、国有財産台帳には「附属庫」と記載されているため、『昭和天皇実録』には「附属室」と記載されていますが、宮内庁としては「附属庫」として公表したとのことでした。

しかしながら、『昭和天皇実録』、『木戸幸一日記』などほとんどの資料は「附属室」とされています。私が見た限りでは、「附属庫」はありませんでした。

また、「庫」は倉庫・車庫・物置のような、人がその中で住んだり、働いたりできないもののイメージがありますが、実際には会議等で使われていますので、本書では「附属室」と表示しました。大本営会議室の後に（地下壕）と付けましたのは、三カ所とも、昭和天皇の防空施設ですが、ここはあくまで大本営会議を開くところで、地下にありますので、（地下壕）としました。地下壕には戦い、戦闘のイメージがあります。

さあ、それでは時空を超えて、昭和天皇の地下壕とその時代に出かけましょう。

皇居航空写真

終戦直後に、米軍が撮影した皇居の航空写真。左側・中央の林の中に見える横長の建物が御文庫。
（極東空軍司令部提供）　（「岩波写真文庫58　千代田城」より）

皇居図

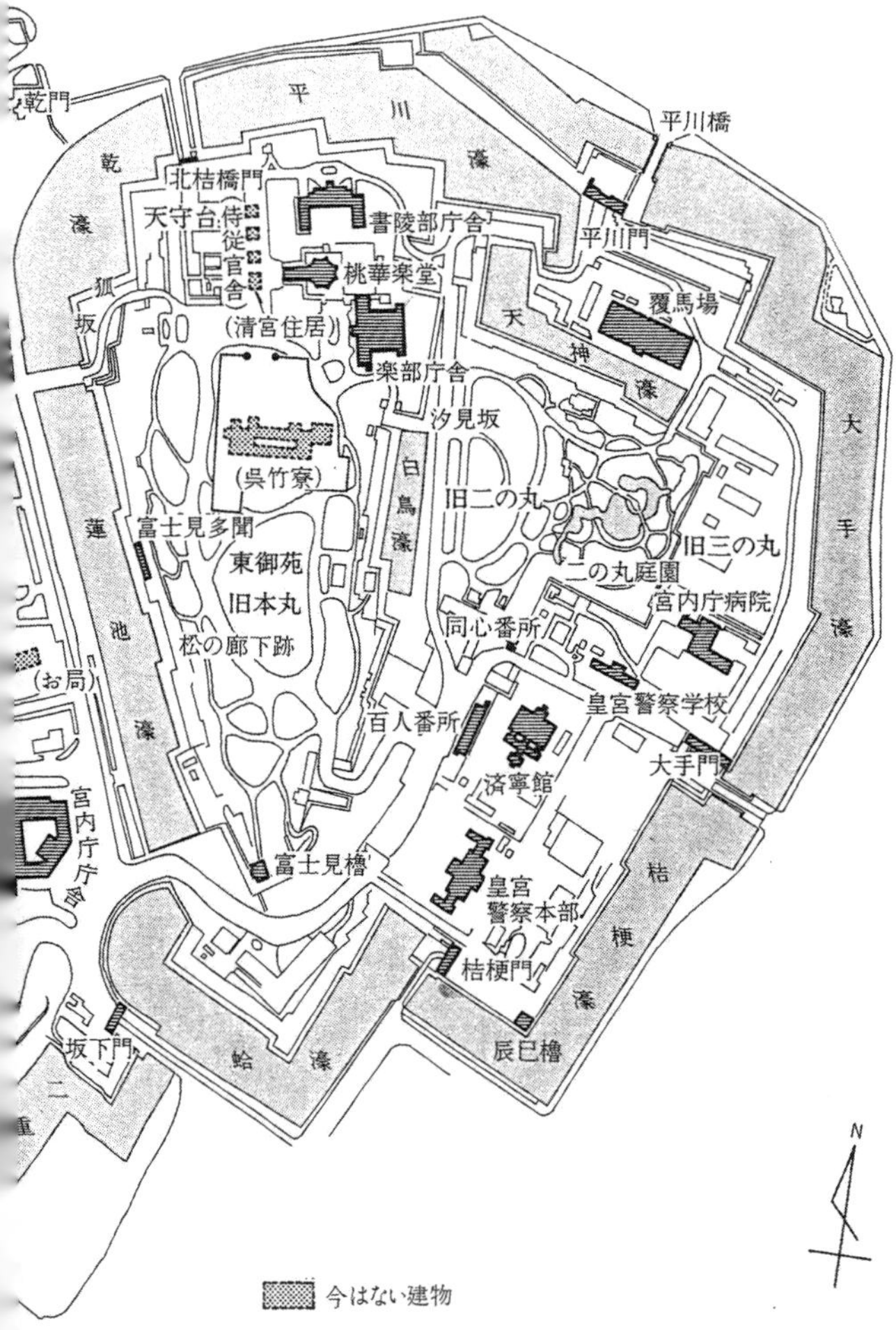

乾門
平川
濠
平川橋
乾
濠
北桔橋門
天守台
侍従官舎
書陵部庁舎
桃華楽堂
平川門
狐
坂
(清宮住居)
天
神
濠
覆馬場
楽部庁舎
汐見坂
白
鳥
濠
(呉竹寮)
旧二の丸
大
手
濠
蓮
池
濠
富士見多聞
東御苑
旧本丸
旧三の丸
二の丸庭園
宮内庁病院
同心番所
松の廊下跡
(お局)
皇宮警察学校
百人番所
大手門
済寧館
宮内庁庁舎
富士見櫓
桔
梗
濠
皇宮警察本部
桔梗門
坂下門
蛤
濠
辰巳櫓
二
重
N
今はない建物

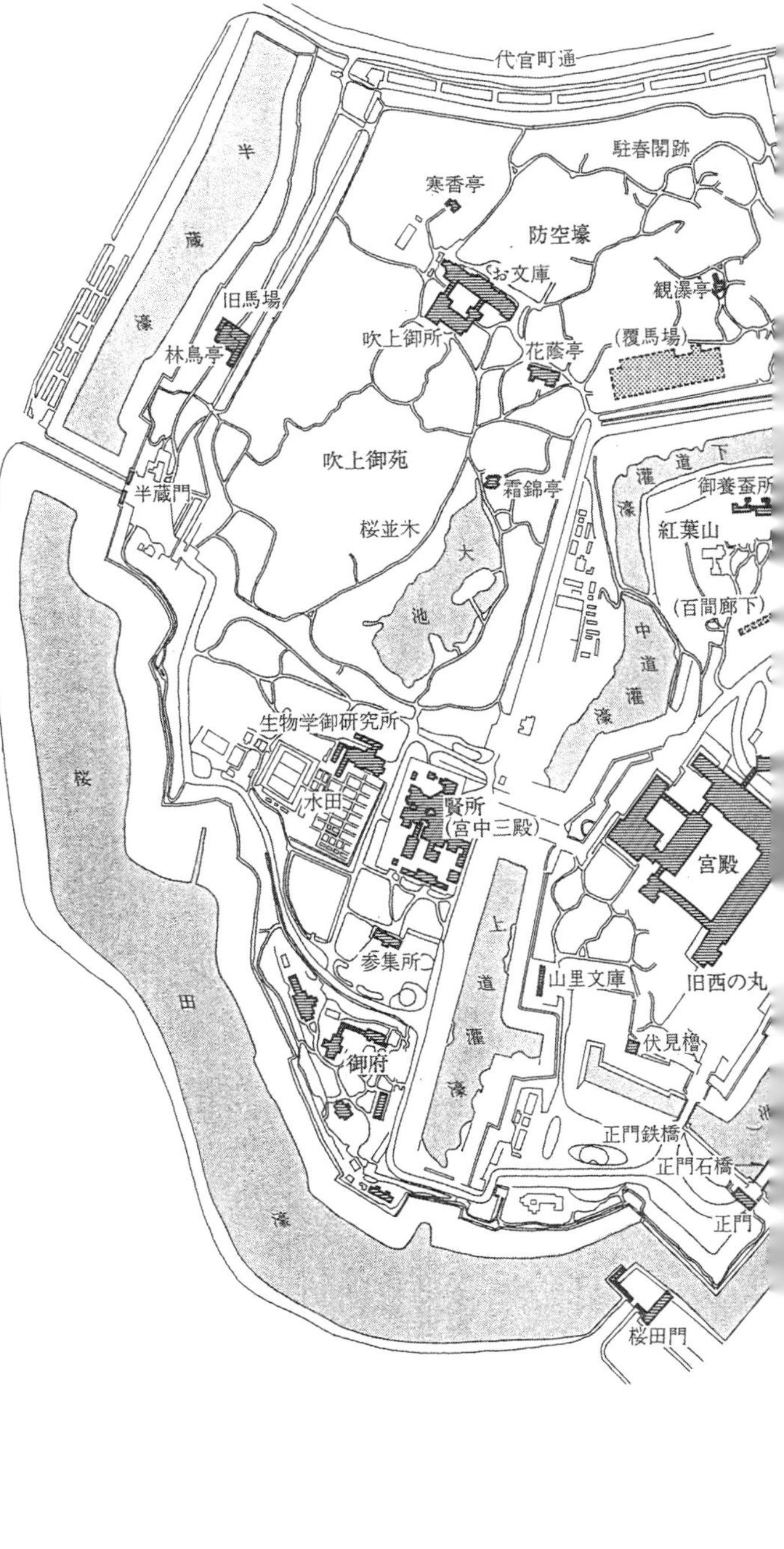

(『入江相政日記・関連資料集』四〜五頁より)

一　天皇の防空施設　その必要性と経緯

(一) 天皇の緊急避難所

満州事変（昭和六年）前後の、軍の動乱の風潮、英米派・リベラル派と言われた昭和天皇を廃し、秩父宮を擁立する動きなどから、非常事態に備えて宮城内に天皇の緊急避難所を造ろうとする動きがありました。

これに対しては、下手をすると、避難所が逆に監禁所にもなりかねないことが危惧されたようです。諸資料によれば次のようです。

『昭和初期の天皇と宮中　侍従次長河井弥八日記』

昭和五年　九月二十一日　晴／寒冷　朝九時三十分、非常御動座の演習を行ふ。初めて良き経験を得たり。了て各立場を巡視し、後主任者の会議を開く。

（第四巻　一五六頁）

『同　右』

昭和六年　二月十五日　曇／寒和ぐ　近衛師団に於ては、宮城内の異変を仮想し、非常警衛の演習を行ふ。省内関係部局員出動、部署に就く。大宮御所亦同様なり。

（第五巻　二三〜二四頁）

とあります。さらに

『岡田啓介回顧録』

同事件（＊二・二六事件）で非命に倒れた斎藤実さんが、存命中にわたしにいった言葉で、感銘を受けた一節がある。それはわたしの組閣（＊昭和九年七月八日）前だったと記憶しているが、ある日、わたしをその私邸に呼んで、こんな話をした。「宮内省（＊当時は宮内庁ではなく宮内省でした）を新築（＊昭和一〇年一〇月第一期庁舎完成）するとき、なにか事件が起こった折に陛下の御身辺を御護りするため御避難所を設けようとの要求を陸軍がもってきたが、自分は反対した。そのわけは……軍の青年将校が動くときには必ずへんなうわさがつきまとう。すなわち、陛下は平和主義者であらせられて思うようにならぬところから廃位をはかるうんぬんという、容易ならぬことが心なきものの口に上る。これは非常に危険である。御避難所をつくることは、それがそのまま御監禁所となるおそれもある。君も十分注意してくれ……と、こういう話であった。まことに斎藤さんの思慮深いことには感服のほかはなかった。

（一二二〜一二三頁）

二・二六事件が起きたのは、昭和一一年ですが、既に昭和五〜六年頃から非常御動座・非常警衛の演習が宮中で行われていたようです。

㈡　極東ソ連軍航空兵力の脅威

空襲といえば、米軍のＢ29による太平洋方面からのものをイメージします。第一次世界大戦から航空機による攻撃が行われ、その後の性能・技術の発達により空襲が大きな脅威となりました。特に日本は大都市が近接し、木造家屋が多いためなおさらです。

極東ソ連軍航空兵力の増強、航続距離の延伸、爆弾の強化等により、ウラジオストック周辺の航空基地より、東京への直接空襲が可能となりました。想定される被害も甚大なことが予想されていました。

そのため、昭和一〇年に完成した宮内省の第一期庁舎の裏側に接続して、爆撃に対する強度を十分に考慮して設計された第二期庁舎が、昭和一一年一〇月に竣工しています。

陸軍省軍事調査部の『空の国防』には次のような警告が出されています。当局はソ連軍の攻撃（空襲）を何よりも恐れていたのです。

『空の国防』

実際、ロシヤの空軍大充実は最近、我が国の国防上一大脅威となって来た。（中略）我が国の兵力との懸隔は日に月に増大するばかりであって、吾々はそこに、徹底せる国家統制計画経済の国防上に於ける恐るべき力と言うものを（中略）、最近一両年の間に於けるロシヤとわが国との陸軍飛行機の増加の数字を比較すると概ね次の通りである。

年次	ソヴエイトロシヤ	日本
昭和六年一月	約一五〇〇	約六〇〇
昭和七年一月	約一六〇〇	約八〇〇
昭和八年一月	約二二〇〇	約八〇〇
昭和八年一〇月	約二五〇〇	前年度より僅かに増加中
昭和九年一月	約三〇〇〇以上	

（前略）本年一月三一日号の独逸国防雑誌は、（中略）之に反して、日本に対するロシヤ側の空中爆撃は全く異なった関係に在る。即ち東京、大阪、横浜、神戸等の大都市は互に近く相接近し、之に対してロシヤ側は、例へばウラジオストックから、六乃至七時間を以て有効に爆撃を加へ得る。殊に日本の大都市の建物は空爆と火災に対しては全く無抵抗である。

最近ロシアの当局は、我が国に対して甚だしく積極的気勢を示し、ロシヤ極東司令官ブリュッヘルの如きは「三噸の爆弾量を以てすれば、全東京を大震災と同等程度に潰滅せしむることが出来る」と豪語して居る有様である。（中略）仮りにウラジオ附近を根拠とするものとすれば、東京、大阪、名古屋、関門海峡は何れも一、一〇〇粁内外であるから、日本の中枢部は、独誌の評する如く、悉く恐るべき空襲の圏内にさらされて居る。（中略）

更に又、フイリッピン又は南支那の一角等を根拠として日本に爆撃を試みる者がある場合に於ても、日本の国土は全く空中爆撃の圏内に在るのであって（中略）、我が国に対する太平洋上よりする空中爆撃の危険は啻単に航空母艦のみに依って来るとは限らないのである。

（中略）過去に於ては海上からの攻撃に対して海岸線を防衛すれば足りたが、現在では空からの攻撃に対して内地を防衛することが必要となった。（後略）

（一一～一九頁）

ロシアの攻撃（空襲）に対し内地防衛の急務なることを強調しています。以下、いくつかの史料による当時の状況認識をあげてみます。

『大東亜戦争全史』

昭和七年末頃より、ソ連は極東兵力の増強を開始し、又昭和八年中頃より、満ソ国境の全域に亘り永久築城地帯の設定を開始した。昭和九年に入るや、極東ソ領における航空兵備の強化充実は、顕著となり、特に南部沿海州方面における重爆撃機の増勢は軽視を許さなかった。

（六頁）

『本庄日記』

昭和八年　九月十五日

防空ニ関スル相談ノ為メ来葉セル木下内匠頭談話ノ一節（以下略）

（二四八頁）

『牧野伸顕日記』

昭和九年三月十七日

陸軍の申出にて、ソウィエットの飛行機軍非常に発達し、今日は東京、大阪迄飛来する能力を有し、毒ガスも又進歩の著しきものあり、就ては非常時に備ふる為め御上方并に賢所の御避難所御建設相成度との事にて、宮相は種々研究し関係部局長の意見を徴したる結果、多少異見はありたるも之に応ずる事に纏まりたる旨内談あり。小生の意見を求められたるに付、方法等に関しては種々細心の注意を要すべきも、大体万一の場合に備ふる事は止むを得ざるべし（と）返事せり。　（五七〇頁）

『戦史叢書　本土防空作戦』

昭和十五年ごろの対日空襲判断（＊一〇項のうち）

一　空襲開始の時期

近時の戦争においては、空襲をもって宣戦布告とするのが通常である。従って、風雲急を告げる情勢になれば、いつ空襲が開始されるかも知れない。

五　空襲機種及び機数

ソ軍は、わが内地要地に対しては航続距離の関係上遠距離爆撃機を主用し、重爆撃機を併用するであろう。満洲、北鮮及び樺太の要地、要点に対しては前記のほか、中爆及び軽爆を使用し、戦闘機、落下傘降下部隊、輸送機を伴うこともあろう。

米、英軍は飛行艇、艦上機または大型陸上機を使用するであろう。

九　投下弾種

内地及び朝鮮の都市に対しては、焼夷弾を主とし爆弾を併用するであろう。満洲及び台湾の都市に対しては、焼夷弾よりも主として爆弾を使用するであろう。毒ガス弾及び細菌弾投下の公算は少ないであろう。なお宣伝文、偽造紙幣等を投下することもあろう。

（五二～五五頁）

『同　右』

昭和十六年度帝国陸軍国土防衛計画の要旨

支那事変遂行中に米、ソなどの諸国と戦闘状態に入った場合を想定して作られたものであり、警戒の重点は北方におかれていた。

防空については、主として沿海州方面から遠爆の空襲、状況により太平洋方面からの艦上機による空襲を顧慮し（中略）政戦略要地を防衛しようとするもの（後略）

対日空襲判断

防衛総司令部においては、国土防衛作戦計画を策定するに当たり、当時の参謀本部の極東ソ軍航空兵力判断を基礎にして、ソ軍の対日空襲判断を行なった。

昭和十六年半ばころ参謀本部第二部（情報）は、ザバイカル以東極東ソ軍航空兵力を総機数約二、八〇〇機、その配置の重点を沿海州方面と判断していた。そのうち、わが本土爆撃が可能な重爆テー・ベー及び遠爆テーベーの機数は、それぞれ約二〇〇機、及び約一八〇機と推測され、またその性能は次のように推定されていた。

区分	重爆（テーベー七型）	遠爆（テーベー三型）
最高速度	三七〇～四〇〇粁／時	四二〇～四四五粁／時
上昇限度	八五〇〇米	一〇〇〇〇米
航続距離	三三〇〇～四五〇〇粁	二五〇〇～三五〇〇粁

独ソ戦の勃発に伴い、これら在極東航空兵力は相当欧州方面に転用されたと思われたが、参謀本部においては七月ごろそれを的確につかむことができていなかった。

右の参謀本部の判断に基づき、防衛総司令部が行なった、日ソ開戦となった場合の対日本土空襲使用兵力判断は、昼間は遠（重）爆二〇～三〇機程度、夜間は単機または小編隊程度であり、その理由は次のとおりである。（中略）

三　従って、いま極東に約三八〇機の遠（重）爆撃機があるとしても、一〇〇機内外のまとまった兵力で日本本土攻撃を行なうことはないであろう。（後略）

防空兵力強化の意見具申

来襲兵力判断はこの程度の比較的小規模のものではあったが、万一その攻撃を受けた場合のわが被害は相当大きいことも予想されていた。昭和十六年六月二十六日付の「大本営機密日誌」には、空襲による被害判断を次のようにのべている。

第四課（作者注、参謀本部の国土防衛担当主務課）防空ニ関シ研究セル結果　夜ナラハ十数機、昼ナラハ二、三十機ノ爆撃数回ニテ東京ハ灰燼ニ帰スノ判決ナリ　之テ果シテ対「ソ」戦争可能ナリヤ

わが防空兵力は既に述べたように貧弱であり、特に夜間または悪天候時には来襲機を捕捉することがきわめて困難であった。（七九～八二頁）

『大東亜戦争全史』

この頃（＊昭和一六年夏）参謀本部作戦部においては、ソ連が関特演を開戦決意に基く準備と速断して、日本軍に先制攻撃、就中航空攻撃を加える場合あるを憂慮し、かかる場合には速かに対ソ開戦を決意すべきことを予め廟議の決定としておく必要を認めていた。（中略）

時恰も八月二日夕刻、関東軍情報主任参謀甲谷悦雄中佐は秘密電話を以て大本営に対し、東部国境方面のソ連が無線封止を実施中なることを報告して来た。それは対日攻勢発起の有力な徴候とも見られ、俄然大本営陸軍部は、極度の緊張につつまれた。（八六頁）

『戦史叢書　本土防空作戦』

対北方警戒

開戦に当たり、大本営陸軍部は既述のように米英の報復措置のみならず、ソ連の動向についても厳重な警戒を怠らなかった。（略）

南方開戦に伴い、米軍の沿海州ソ軍航空基地使用企図及びソ軍の対日参戦に関し厳に警戒するよう

連絡した。（略）

十二月十日、参謀本部は関東軍から『「ソ」聯ハ極東「ソ」聯領ニ於ケル米空軍基地設定準備ヲ続行スヘキモ未タ之ヲ米側ノ使用ニ供スルノ時機ニ到達シアラス』との情報を受け、差し当たり北方からの脅威は少ないと判断したのである。

東久邇宮の防衛総司令官就任

開戦の翌日、防衛総司令官の更迭が行なわれ、東久邇宮稔彦王大将（二〇期）が親補された。

（一〇八～一〇九頁）

『**松平恒雄追想録**』

○防空計画とその実施

戦時中、防空の必要性は一般的のものであるが、宮内省においては、この点特に重要であるに鑑み世間一般に魁けて早くから検討を開始した。昭和十年に完成した宮内省の新庁舎の裏側に接続して設計された内廷庁舎（別名二期庁舎）は爆撃に対する強度を十分に考慮して設計され、昭和十一年十月二十五日に竣工してゐる。これは当時の木下道雄内匠頭の先見の明と創意とが与って力あるものと思われる。

次いで昭和十二年七月七日蘆溝橋事件に端を発して日華事変起るに及び、十月には赤坂離宮内の御文庫新築工事に着工した。「御文庫」とは防空室の符牒である。これは先づ以て御母陛下の御安泰をとの御孝心の御発露と拝察する次第であるが、着工後約四箇月にして完成を見た。時は昭和十三年二

月二十三日である。（略）

将来に対する万全の考慮から、宮内省の防空計画を検討確立するの必要を認め、昭和十三年四月二十八日宮内省達第二号を以て宮内省防空委員会規定を、訓令を以て宮内省防空規定を定めた。右に基き、宮内省防空計画の実施は、宮内次官の統轄の下に防空部職員が、防空組織、防空施設、防空資材等に関する綿密なる計画を樹立するにつとめた。（略）

昭和十六年三月三十一日宮内省官制を改正して新たに警衛局を設置し警衛、消防及び衛生の外に防空に関する事項をも掌らしめることとなった。これにより従来の防空部の所掌事項は警衛局が担当することとなり、防空部は廃止されることとなった。

新設の警衛局長には取りあえず池田皇宮警察部長を心得として任命したが、翌五月九日附を以て徳島県知事中村四郎を警衛局長に任命、其の活動を開始した。昭和十六年十月には斉庫（宮中三殿に関する防空施設）の新築その他に着手、翌十六（ママ）年正月には吹上御文庫の新築工事を開始した。東京初空襲はこの工事中たる昭和十七年の四月十八日であり、当時はこの御文庫工事の外に軍の手によってあとから別途計画された工事も昼夜兼行進められてゐる最中であった。（＊この御文庫附属室は既に昭和一六年九月に完成していた）吹上御文庫は八月にはその完成を見、内廷庁舎の補強等も適時に実施されたため宮内省としては戦局の逼迫する以前に完全に御安泰を期するための防空施設を完成し、爾後は防空従事者のための防空壕其の他の築造、爆風除け等を昭和十八年以降に実施したのであった。

（六八五～六八六頁）

『ある侍従の回想記』岡部長章

宮中の防空壕としては、昭和十年に、第二期庁舎の下に初めて鋼鉄の扉をつけた防空室が作られましたが、これは内部も狭く、航空機の発達と爆破力の向上によって、強度もやがて足りなくなったために、支那事変の最中に吹上御所の方に新たに本格的な防空建造物が、宮内省工匠寮の設計で作られました。防空造営物という名称ではいかにも逃げ腰風に聞こえ、「英米の野望打破」「百年の長期戦」などと叫ばれる当時としては、大元帥陛下にはふさわしくないととられはしまいかという配慮から、これを「御文庫」と名付けたのです。この命名は、侍従職庶務課長小倉庫次氏の着想でした。

（一五七頁）

『同　右』

プロペラ機の航続距離が延びて、沿海州方面に基地が設けられると、沿海州にそって弧を描くように並んでいる日本列島は、隅から隅まで航空機の往復飛行が可能となる。低空飛行で侵入してくれば、その速度も速いので発見したときにはもう日本海沿岸を突破してしまう。撃退を期しても、一、二機は帝都上空にたっする（後略）

（一六一頁）

『中村四郎』

昭和十六年四月一日付けの官報で宮内省官制の大改革が公布された。主眼は、警衛局の新設と、それによる皇居防空体制の強化にあった。（中略）

当時のわが国は、それまで一度も他からの空襲を受けたことがなく、国民の防空思想もきわめて希薄であったが、昭和十五年秋のドイツ空軍によるロンドン大空襲（九月七日から六十五日間にわたる夜間爆撃が行われ、「ブリテンの戦い」と呼ばれた）の先例もあり、識者の間では、ひそかに防空対策強化の必要が囁かれていたのであろう。中村四郎の宮内省初代警衛局長（高等官二等）就任は、こうした時局の推移の中で行われた。（四八八〜四八九頁）

『昭和天皇実録』

昭和十六年八月一日

簡易防空壕構築

時局の緊迫に鑑み防空壕構築につき、この日より宮内省職員の勤労動員が実施される。作業は三期に分けて行われ、九月十日、宮城及び赤坂離宮内の各所に簡易防空壕が竣工する。（第八）

上記のように、ソ連軍の脅威にそなえながら米英の動勢も睨み、天皇の身辺護衛（安全）を第一とする方策が練られ続けていたのである。

なお、一九四一年一二月九日付の中国（重慶）の新聞『大公報』には次の記事が掲載されました。

『シリーズその日の新聞　開戦の日・終戦の日』

中国は当然、日本、ドイツ、イタリアの戦争開始宣言に対応する。アメリカは日本への作戦ばかりでなく、対ドイツ、イタリアへの作戦も行う。ソ連においてもドイツのみが敵ではなく、日本こそ敵であることを知る必要があり、それゆえソ連は迅速に日本に戦争開始を宣言すべきである。国力を考えても日本はイギリス、アメリカの敵ではない。戦略上から見ても日本を負かす必要条件はソ連の参戦にあり、これが一つの要点である。もしソ連のウラジオなどをイギリス、アメリカ、ソ連海空軍の共同根拠地とすれば、日本の敗戦は実に容易なことである。日本の最大弱点は空軍が貧弱なことであり、イギリス、アメリカ、ソ連は大空軍国である。空軍がウラジオから偵察して日本を爆撃することが最も確かな道である。

日本がこのような時期に英米に対し宣戦したことは、まことに天の許さぬところであろう。なぜなら、日本は海上気候が悪く航空に非常に不適であるが一一、一二月は海上気候の最も平静な季節で、空軍の作戦に極めて適合する。英米ソが二、三千の飛行機を集中して日本を襲撃するだけで日本は必ず敗れるであろう！

（佐藤正三郎抄訳）（四一七頁）

㈢　御文庫

さらに、御文庫と称された、耐空爆能力をもつ天皇の日常のお住まい及び避難所が吹上御苑に、昭和一六年四月に着工し、昭和一七年一二月に竣工しています。総檜作り木造の明治宮殿では不安があったからです。

『昭和天皇実録』
昭和十六年三月二十二日
吹上に防空施設建設を御内許
午後、皇后宮大夫兼侍従次長広幡忠隆をお召しになり、吹上御苑内に防空施設を建設する件を御内許になる。

昭和十六年三月二十四日
防空避難計画を御聴取
午後、宮内大臣松平恒雄に謁を賜い、防空避難計画につき言上を受けられる。夜、侍従小倉庫次を召され、雍仁親王の避難計画に関して御下問になる。

昭和十六年三月二十五日
午後一時、宮内大臣松平恒雄に謁を賜い、吹上御苑内に防空御殿を新設する件につき上奏を受けられる。

昭和十六年六月十九日
御文庫地鎮祭
この日、吹上御苑に新設する御文庫の地鎮祭が行われる。　（第八）

『東京人』

宮城吹上御苑の中央部に、ひっかいたように木々が帯状に途切れた場所がある。ここはもともと馬場だったところであるが、昭和天皇の即位後、ゴルフ場となった（九ホールだったらしい）。大正時代、皇族の間ではゴルフがブームで、赤坂離宮や新宿御苑、那須御用邸にもゴルフ場が造成されていたのである。ただし盧溝橋事件直後、昭和天皇は、それまで嗜んでいたゴルフやテニスをやめている。

ゴルフ場北端には、御文庫という名の非常用の御所が昭和十七年末に完成していた。御文庫は地下二階に御避難所（防空壕）があり、一〇〇メートルほど離れた北東の地主《じしゅ》山麓に建設された宮中防空室との間をトンネルで結んでいた。その残土で道灌濠の一部を埋めて道灌濠新道を建設している。この道は、奥宮殿と御文庫を結ぶ最短ルートでもあった。

空襲が激しくなるにつれ、天皇は御文庫で過ごすことが多くなっていたようだが、昭和二十年五月二十五日の空襲で宮殿が全焼すると、御文庫が御所を兼ねることとなった。そして陸軍大臣だった阿《あ》南惟幾《なみこれちか》大将の配慮で、宮中防空室は、昭和二十年七月、耐弾性を高める工事が施された。終戦を決める御前会議が開催されたのは防空室の会議室である。

（二〇一四年二月号　竹内正浩文　二〇頁）

(四)　御文庫附属室——大本営会議室（地下壕）

戦争の緊張感が高まり、日米開戦を意識し、吹上御文庫から約一〇〇メートル離れた、地主山を取り崩して、大本営の附属会議室が建設され、取り崩した山を埋め戻し、空襲下であっても会議が開催できるようにされました。これは、第一期工事として昭和一六年八月から九月にかけて施工されました。その後、御文庫との地下連絡通路が昭和二〇年四月から五月にかけて施工されました。さらに第二期工事が、一〇トン爆弾にも耐えられるように、昭和二〇年六月から七月にかけて施工されました。昭和二〇年八月のご聖断が下された御前会議が開催されたのは、この第二期工事が完了した直後の御文庫附属室でした。

『人間昭和天皇』

軍部が二期庁舎の金庫室を見せてほしいというので、昭和十六年七月三十一日、松平宮相は、杉山、永野両総長、東條陸相、及川古志朗海相を案内した。

その結果、「御前会議室もない。もっと設備の充実したものが必要」となり、御文庫のほぼ真下に新たな防空壕の建設を決めた。これが大本営の会議室である。

八月十四日地鎮祭、五十日間で造ることが至上命令で、九月三十日完成し、宮内省に引き渡した。岡本は「短時日によくもこれだけの工事ができたものだ」と現場を見て感心した。

「吹上御所正門」に至る「外庭東門」乾通りより筆者撮影

「大本営地下壕」は広さ三二八平方メートル。御文庫から北東に九〇メートル、こんもり木の繁った地主《じしゅ》山（望岳台ともいって富士山が見えた）の北側斜面を切り取った跡へ、正方形の外壁一・五メートル、内部隔壁一メートルの鉄筋コンクリートの箱をすっぽりはめ込んだような構造である。「聖断」の現場は、いまも健在である。というより堅牢で壊せない。

「聖断」が下された会議室は南北に細長く、五五平方メートルほど、船底天井でいちばん高い箇所は三・五メートルもあり、圧迫感はない。天井は二・五センチの特殊鋼板、床は寄木造り、照明は天井から吊るすと危ないので壁際に付けられた。他に天皇の休所と侍従室、通信室。機械室はいちばん広く自家発電や冷暖房の装置などがあった。（中略）

吹上御所正門から五〇メートルほど入ると花蔭亭があり、さらに五〇～六〇メートルで御文庫。そこから左に細い坂道を下っていく。七、八メートルの高さのコンクリートの壁に迷彩を施した跡があり、下部に臣下用の入り口がある。周囲はツタ、木の根、雑草などで覆われ、室内はカビ臭く、床は水が溜まっていた。それでも舟底天井、木を張りつけた壁、厚さ三〇センチの鉄扉はしっかりしていた。

（上　四七〇～四七一頁）

『**中村四郎**』

中村四郎も警衛局長に就任してはじめて「お文庫」の存在を知り、ひとまず安心したが、ドイツ空軍のロンドン大空襲の例などを見ると、なおこれだけでは安心できない。こうして中村四郎着任後建設されることになった防空施設が、吹上御苑内の大本営防空壕（御文庫から九十メートル離れた地下十メートルに作られた。広さ約三百三十平方メートル）である。

これは、参謀本部築城部が設計し、近衛師団の兵隊を使役して、三交代、昼夜兼行の突貫工事で仕上げたもので、中村四郎の記録によると、昭和十七年一月七日に着工、同年十一月に竣工し（＊これらの日時については間違いのようである）、翌年一月八日から両陛下にご利用いただける状態となった。

（四九二～四九四頁）

『**侍従武官　城英一郎日記**』

昭和一六年

七月二八日　宮城防空関係につき、軍務局長の意見を聞く。
七月三一日　本日午前、陸海大臣、両総長、宮内大臣、防空施設実視。
八月二日　午前、侍従武官及防衛司令部幹部、宮内省金庫室及吹上工事場視察
八月四日　午後、（高田利種）軍務一課長と連絡に行く。（宮城防空関係）
八月五日　夜、宮内大臣官邸にて陸海主脳招待。宮中防空関係顔合せ
八月六日　宮中防空に関し、宮内大臣陸海首脳部と会見（南溜）。
九月三日　午前、海軍武官三名、吹上の工事場視察。
九月五日　午後、御乗馬（御供）にて吹上に工事中の演習作業天覧。雨中にも拘らず十数分間作業を御覧あり。水兵感激す。（＊横須賀海軍工廠で造った、鉄扉等を運んできた水兵か）
九月二七日　午前、〔百武三郎〕侍従長、〔蓮沼蕃〕武官長、武官、吹上工事場視察、略完成す。
九月三〇日　吹上工事完成（所要予定日数通り五〇日にて完成）、宮内省に引渡ずみ。
十月二三日　宮内省は、防空訓練を盛に行ふ。

（八二〜九七頁）

『**昭和天皇実録**』

昭和十六年九月五日

大本営会議用地下室の工事状況を御覧

午後二時、御乗馬にて吹上御苑を廻られる。途中、観瀑亭付近において下馬され、御徒歩にて陸軍

戊号演習場（大本営会議室等の地下施設建設工事現場）にお出ましになり、降雨の中、築城部本部長野口正義の説明により約十分にわたり工事状況を御覧になる。（中略）なお本建設工事は、非常時局への対応上、宮内省第二期庁舎以外に防空用の予備施設なき現況に鑑み、吹上御苑内に建設中の御文庫（防空用施設にして、翌十七年六月以降に完成予定）が完成するまでの間、第二期庁舎金庫室の予備の防空壕として御利用に供するため、築城部本部の指導下に近衛第一師団の兵力を以て八月十二日着工し、五十日後の竣工を予定して昼夜兼行の作業が実施される。

昭和十六年九月二十四日

大本営会議用地下室の工事経過

夕刻、侍従武官徳永鹿之助より、吹上御苑内において陸軍の築城部本部によって建設中の大本営会議用地下室の工事経過につき奏上を受けられる。現地では去る五日のお立ち寄りの後、八日から十日には側壁や天井の一部へのコンクリート打ち、十一日から十五日には足場の組み換え、出入口の石垣工事、十六日から十八日には天井へのコンクリート打ちが施され、その後は二十九日の竣工検査、三十日の宮内省への引継ぎを目標に、盛り土機械の据え付け、室内装飾作業等が行われる。

昭和十六年九月二十七日

皇太子避難場所に日光田母沢御用邸を充当

宮内大臣松平恒雄に謁を賜い、皇太子の避難場所として栃木県の日光田母沢御用邸を充てること、また冬季の予備避難場所については府下南多摩郡浅川町又は千葉県三里塚のいずれかとし、さらに軍部の意見を徴した上にて御治定を願うことにつき奏上を受けられ、これを御聴許になる。

昭和十六年九月二十九日

皇太子避難場所の決定

宮相より、皇太子の避難場所につき、春季より秋季にかけては日光田母沢御用邸とし、冬季は宮内省下総牧場（三里塚）とする旨の上奏を受けられ、これを御聴許になる。ただし、春季はなるべく早く三里塚より日光に移ることが望ましき旨を述べられる。ここに、皇太子の避難場所が確定し、日光田母沢と三里塚にそれぞれ二百五十キロ爆弾に耐えうる防空壕の建設が決定する。

（第八）

二　三種類の防空施設

以上の経緯により、皇居（当時の呼称は宮城）内には三種類の防空施設が造られました。すなわち、宮内庁庁舎の第二期庁舎（天皇が使っておられたので、内廷庁舎とも呼ばれた）、吹上御苑に空襲に耐えられるお住まいとしての御文庫。そこから約一〇〇メートル離れた地主山地下の大本営の会議室。これら三種類の防空施設が建設されました。

やっかいなのは、人によって、その呼び方が違うことです。この呼称の違いにより、かなりの混乱・誤解が生じているようです。

第二期庁舎の地下の防空室は一般には、「金庫室」と呼ばれていますが、御文庫の地下室のことを、金庫室という人もあります。本書では、木戸幸一氏の表現で第二期庁舎の地下の防空室のことを「金庫室」と称します。

御文庫は全体が防空施設ですが、その地下二階が防空避難室になっており、単に「御文庫」と称します。「おぶんこ」と読むのが一般的ですが、「ごぶんこ」と読まれる方もおられるようです。本書では、「おぶんこ」とします。

最後に地主山の大本営会議室（地下壕）ですが、本書では、これも木戸幸一氏の表現で「御文庫附属室」と称します。紛らわしいのは、「御文庫地下室」という表現です。これが「御文庫の地下二階」なのか「御文庫附属室」のことなのか、判断に迷うこともあります。

(一)　皇居の防空対策

『中村四郎』

戦後になって、皇居には三つの地下施設があったことが明らかとなっている。宮内省第二期庁舎の地下に設けた防空室、「お文庫」あるいは「金庫室」と呼ばれていた吹上御所の防空壕、それに吹上御苑内に設けた大本営防空壕の三つである。

第二期庁舎（五六七六平方メートル）は、昭和十年完成の第一期庁舎（本庁舎）につづいて昭和十一年からその西側に接続して建てられた。中国大陸の風雲が急を告げるようになったので、総檜造りの明治宮殿では万一の場合心もとないと、防空施設を備えた仮宮殿としても使えるように設計されたのである。ここには、鋼鉄の防火扉を備えた大会議室のような地下室があり、空襲警報が発令されたときの避難場所となった。天井が高くゆったりしており、第二期庁舎の二階は本庁舎の三階の高さに相当していた。

また、天皇が使っておられたので、第二期庁舎は内廷庁舎とも呼ばれた。本庁舎から長い廊下を通って第二期庁舎に向かうと、床が途中から赤いカーペットに変わるなど内と外では雰囲気そのものが違ってくるのである。

「お文庫」は、吹上御苑の御文庫から百メートルほど離れた丘の地下に造られた防空壕である。（＊ここの部分は、作者の言う大本営防空壕のことであり、錯覚されているようです）航空機や爆弾の性能の進歩とともに、第二期庁舎の防空室だけでは、絶対安全とはいえないということになって作られたものである。強固な構造で両陛下の避難室、侍従、女官の部屋などがあった。御座所にもっとも近い防空壕であったが、湿気がひどく、両陛下ともここへの避難はあまり好まれなかったという話がある。

以上の二つの施設は、木下道雄（終戦直後の侍従次長兼皇太后太夫）が、宮内省内匠頭の時代（昭和八年二月〜十一年八月）に計画したもので、同時代の常識をはるかに抜いた着想である。この計画には、斎藤実総理大臣と高橋是清大蔵大臣が反対、一木喜徳郎枢密院議長と元老の西園寺公望が賛成し、湯淺倉平宮内大臣と奈良武次侍従武官長の二人がやっと反対を押し切って実現の運びとなったという経緯がある。斎藤首相、高橋蔵相が反対したのは、そうした施設が不要だというのではなく、万一そうした事実が明らかになれば、日本は長期戦を覚悟しているということで国際関係に悪影響を及ぼすことを心配したのである。このためこれらの防空施設、とくに吹上御所の防空壕は「お文庫」あるいは「金庫室」と呼ばれ、戦後まで一般には知らされなかった。

（四九一〜四九二頁）

『側近日誌』　木下道雄

（父・木下道雄は）昭和五年四月、本省の秘書課長、総務課長を経て、八年二月、内匠頭を拝命。皇室の建物に関する責任者でありましたが、十一年迄のこの三年間は、皇居内の、地下防空壕を兼ねた御文庫の建設に精魂を傾けておりました。

表向きはあくまで、皇室の貴重な文献を納める御文庫ではありましたが、いざ、という時には、陛下を安全にお守り致す場所。その当時「神国日本」と自負していた人々に対して「宮城の上空にも敵機が飛来することを予想する」などとは、考えることすらタブーであった時代に、三トン爆弾にも耐え得る堅固な御文庫、この目的を知る者はごく数名に過ぎず、父にとっては命がけの仕事であったことと存じます。

（二四三～二四四頁）

『**入江相政日記**』

昭和十六年　七月三十日

下の金庫を武官に見せるとか、参謀総長に見せるとか、色々論議があるのを予は甚だ遺憾に思ってゐたのでそれを訴え、宮内大臣も岡本官房主管も軽率であると云った所、大金さんも大いに同感であると云った。兎に角吹上の工事が進捗しないことの申訳か、何か怪しからんことである。

（第一巻　二五九～二六〇頁）

同書の注解「下の金庫」に、「吹上御苑の御文庫から百メートルほど離れた丘の下にあった防空壕のことを金庫室と呼んでいた。強固な構造で両陛下の避難室、侍従、女官の部屋などがあった」とあります。

武官等に見せたのは、宮内省第二期庁舎の地下の防空室（金庫室）、と思われます。御文庫・地下二階の防空室はまだ出来ておらず、大本営会議室（地下壕）はまだ着工されておらず、解説者の誤解と思われます。

『昭和史の天皇』

一部の国粋主義者や、高級将校たちは、宮内省を訪れるたびに「宮城の防空体制はどうなっているのか」と宮内官をしきりに詰問していた。(中略) この詰問者の中には、昭和十四年九月から十七年四月まで、陸軍軍務局長の地位にあった武藤章中将もいたというから、いかに、皇居の中のできごとが、厳重な機密に付されていたかということがわかろうというものである。このようにきびしい機密保持のもとにあった皇居の防空施設は、戦後、新聞、雑誌、単行本などで紹介されはしたが、事実と異なるものがかなりあるようである。それは、機密書類の大部分が、終戦とともに焼却処分に付され、灰となってしまったからだが、(中略)

さて、防空施設の第一は、何といってもお文庫である。宮内省の地下室にねむっていた当時の記録を調べてみたら、着工は昭和十六年四月十二日とるされていた。開戦前八か月、お濠の外の民間防空組織が、ほとんど整備されかかっていたころである。

「お文庫」の名称のいわれについては二説ある。陛下は、一般国民が防空壕を造るようになるまではその必要がないとおっしゃったので、〝防空壕〟という名称は使わずに、生物学ご研究所の書庫を造るという名目でこの防空建築を造った、というのがその一つ。もう一つは「防諜」上の隠語だったという説である。

(第一巻　一四二〜一四三頁)

『杉山メモ』

昭和十六年九月六日

帝国国策遂行要領ニ関スル御前会議ニ於ケル質疑応答資料　昭和十六年九月六日
参謀本部
二二　国土防衛ノ現状如何
（前略）帝国都市ノ状況ハ防空上幾多ノ弱点ヲ有シ加フルニ之カ対策ハ今尚中途ニ在リ現状ニ於テ開戦ノ暁ニハ相当大ナル被害ヲ蒙ルコトアルヲ覚悟セサルヘカラス
然レ共陸海軍ハ進攻作戦ニ依リ敵航空勢力ノ破摧ニ勉ムヘキヲ以テ軍官民一致協力不退転ノ決意ヲ以テ危機突破ニ努ムルニ於テハ空襲ノ惨禍ヲ局限シ得テ戦争遂行ニ大ナル支障ヲ来ササルモノト認ム
（上　三二一、三二七頁）

『東條内閣総理大臣機密記録』
昭和十七年四月二十四日
14.00　勲章親授式に侍立
終わって宮内大臣と要談（防空関係）
（三九頁）

『中村四郎』
昭和十七年十二月九日〜十一日
東京市で「大東亜戦争第一周年記念防空演習」を実施。警視庁警防課が、同月三日に発表した演習内容によると、「今回は専門家の指導に重点をおき、官公署、学校、工場、会社、銀行、病院、興行場、特設防護団、隣組防火群などの自衛防空団体が渾然一体となって猛訓練を行い、警察、消防署、警防団などはその専門的知識と技倆をもって指導班を組織し、全力をあげて一般家庭防空の直接指導にあたり、市民の一人一人が真に防空戦士であるという決戦下の空への決意を昂揚し、あわせてその設備向上をはかる」のが、この演習の趣旨であった。（四九九頁）

(二) 宮内省第二期庁舎地下（いわゆる金庫室）

第一期庁舎は昭和一〇年一〇月に竣工しました。床面積一五、四〇七m²。続いて第二期庁舎がその裏に、昭和一一年一〇月に竣工しました。床面積五、六七六m²（『人間昭和天皇』によれば三、一六〇m²）いずれも地上三階・地下一階建でした。

第二期庁舎は爆弾に対する強度を考慮して設計され、地下に金庫室とよばれる防空室が造られました。地下金庫室は庁舎の二階に入口があり、地下一階にまで達する長い階段を降りて到達できる防空室でした（＊地下への入口が二階にあったため、八月一五日の宮城占拠事件の際、木戸幸一氏らが隠れた地下の金庫室の発見が避けられた？）。

『湯淺倉平』

昭和十年十月十日、宮内省の新庁舎落成記念式典において彼（湯淺倉平）は、全宮内官に対して次のような訓辞を行った。（中略）

そもそも本庁舎は、大正十二年の大震災に破損した旧庁舎を取りこわし、そのあとに起工されてより、巨額の経費と最新の建築法とをもって、約三年の久しきを経てようやくここに落成を告げた次第で（後略）

（三〇三頁）

『昭和天皇実録』

昭和十一年十二月十一日

宮内省第二期庁舎竣工

今般宮内省第二期庁舎竣工につき、本日より十四日までの間、侍従職等の関係部局が仮庁舎よりの移転を実施する。宮内省第二期庁舎は、昨年十月落成の宮内省庁舎と宮殿北御車寄との間に建設され、昨年一月三十一日起工、本年十月二十五日竣工する。鉄骨鉄筋コンクリート造、地上三階、地下一階、延面積約四千三百平方メートルの建物で、侍従職及び皇后宮職の一部、侍医寮、大膳寮の一部、内閣大臣室等に充てられる。また、地階には金庫室（延面積約三百七十二平方メートル）が備えられる。

（第七）

『人間昭和天皇』

現在ある宮内庁の庁舎は、旧庁舎が関東大震災で損傷したので、同規模、同じ場所に昭和十年に建てられた（一期庁舎、一万五四〇七平方メートル表側）。続いて二期庁舎（内廷庁舎、三二六〇平方メートル）がその裏に昭和十一年十月二十五日完成した。坂下門から入ったところが宮内庁庁舎でこれが一期、右側に回って緩やかな坂を上って裏手に回ると内廷庁舎の西口玄関になる。

一期、二期とも地上三階地下一階建てだが、違うのは二期は木下内匠頭が強く主張して、爆弾に対する強度を考慮して設計されたこと、地下に金庫室と呼ぶ防空室が造られたことである。

二期の地下金庫室はいまの侍従長室から御用掛室の地下にある。降りる階段は侍従長室の近くだ。

宮内庁の職員でも関心をもつ人は少なく、金庫室の存在さえ知らない。一九八五（昭和六十）年ごろは水が溜まっていたが、いまは書類などが置かれている。壁の厚さは三、四メートルもあった。これが最初の防空室で、その次は皇后（＊昭和天皇の御母陛下、貞明皇后）の大宮御所に昭和十三年（一九三八）二月に完成している。
（上　四六九〜四七〇頁）

『徳川義寛終戦日記』

昭和二十年八月十四日——八月十五日

地下金庫室は庁舎の二階に入口があり、地下一階にまで達する長い階段を降りて到達できる防空室であった。
（二七一頁）

『小倉庫次侍従日記』

昭和十七年四月十八日

帝都各所に初めて爆弾、焼夷弾投下せらる。

両陛下十二・五六、金庫室へ御動座あらせらる。呉竹内親王同上、義宮は青山御殿より宮城にお移り。大宮様、沼津にて防空室に御移り。
（一六〇頁）

『侍従長の回想』藤田尚徳

昭和十七年四月十八日、ドーリットル飛行隊がノース・アメリカンB25をもって東京を初空襲した

際にも(中略)せきたてられてようやく、第二期庁舎の下の防空壕におはいりになったという。(一四頁)

『徳川義寛終戦日記』

昭和十九年八月二十六日

昼頃には首相(小磯)・両総長(梅津、及川)・陸相(杉山)・海相(米内)を第二期庁舎金庫室及び軍の防空庫へ案内して視察。(六九頁)

『昭和天皇実録』

昭和十六年十月十七日

宮内省第二期庁舎各室を非常御動座先となす

非常御動座奉仕要綱

(前略)皇后と共に宮内省第二期庁舎に出御され、三階各室並びに地下金庫室等をご覧になる。地上三階及び地下一階から成る同庁舎は、非常時の第一御動座先として位置づけられ、非常御動座に際しての各室の使途は左の如く規定される。(後略)

この日定められた「非常御動座奉仕要綱」によれば第二期庁舎への御動座は、原則として宮内大臣より奏請するも、状況によっては侍従長又は侍従次長・皇后宮大夫より、さらに非常急迫の場合には侍従よりの奏請もあり得るとされる。また同要綱により、状況に応じた御動座に際しての御道筋・御列がそれぞれ定められる。(第八)

(三) (吹上) 御文庫地下二階 (いわゆる御文庫)

吹上御文庫(以下御文庫といいます)は、昭和十六年四月に着工し、十二月に建物だけはできあがり、屋根の補強工事が完了したのは昭和十七年六月、すべての工事が終わったのは、昭和十七年十二月三一日でした。

設計・監理は宮内省内匠寮、施工請負は大林組、総工事費は二〇〇万円でした。

当初は、一〇〇キロ爆弾に耐えうるものということでしたが、途中から二五〇キロ、しまいには五〇〇キロということになりました。

地上一階・地下二階建、建築面積四〇〇坪(一、三二〇㎡)でした。地上一階は西側部分が両陛下の居住部分で、残りは政務室・皇族休所・常侍官候所などの公的スペースでした。地下一階は機械室・調理室など。地下二階は両陛下の避難所とされた。平面図を参照して下さい。

御文庫は昭和十七年の大晦日に完成されました。昭和十八年一月八日に天皇がお泊りになったことが一部の侍従の記録にありますが、その後も二年近く、明治宮殿にお住まいでした。昭和十九年に入って、空襲が頻繁になり、空襲の夜は危険なので御文庫にお泊りになられることもありましたが、これは例外で、お住まいはあくまで奥宮殿でした。空襲が激しくなるにつれ、何度かお泊りの場所を御文庫へ移され、それが次第にたび重なるようになって、いつのまにか御文庫を常の住居になさったようです。湿気が多すぎ、地下室となるとさらにひどいようでした。暖房設備も数個の電気ストーブだ

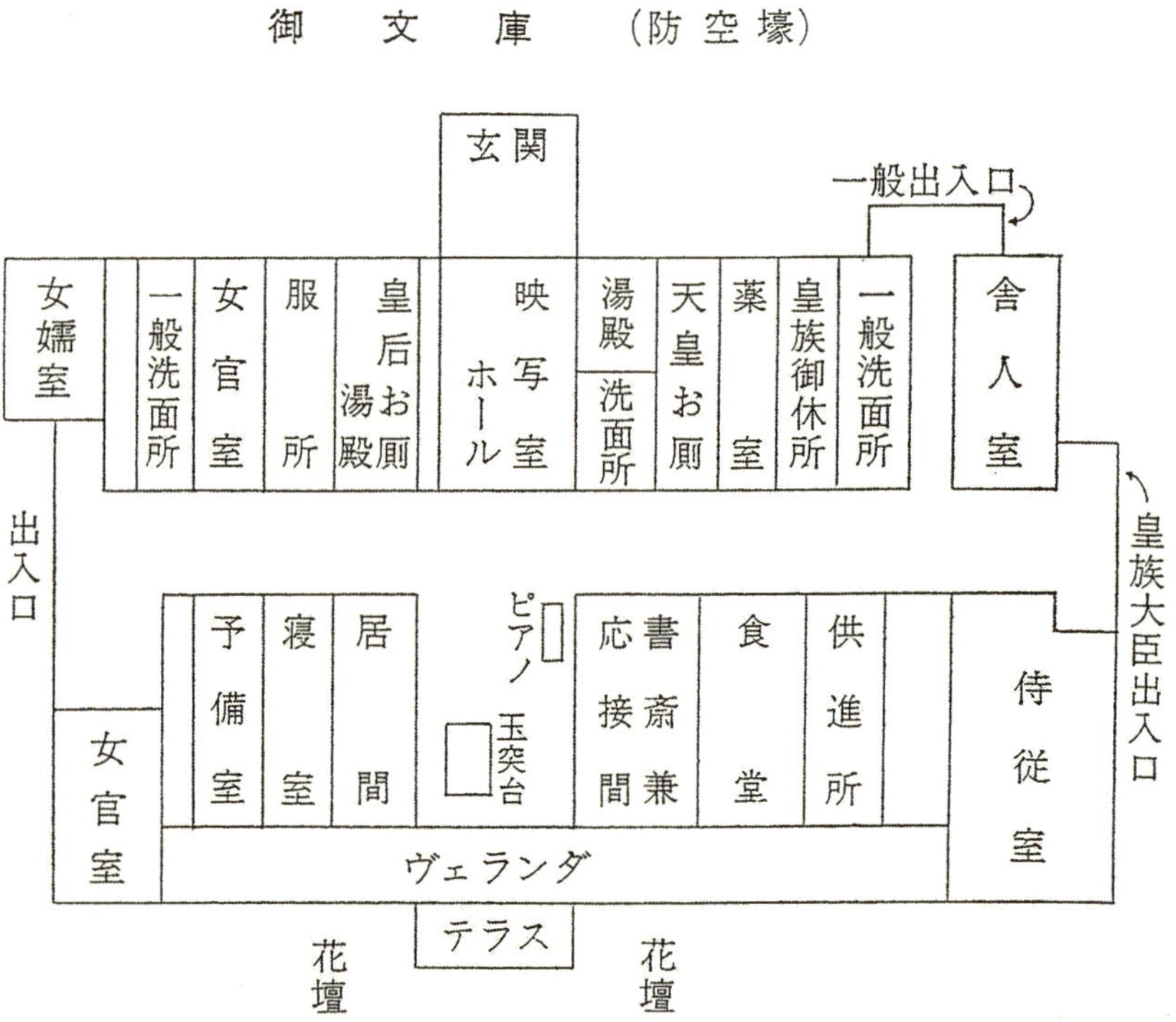

御文庫一階平面図（『天皇と昭和史』ねずまさし p.199 より）

けだったので、冬になると寒さがこたえたようです。

『小倉庫次侍従日記』

昭和十六年三月二十二日

吹上御苑内防空建築の件、申上御内許を得たり。　（一四三頁）

（＊解説者半藤一利氏によれば、「防空壕」では外聞がよくないため「御文庫」と命名したのは小倉侍従であったとあります）

『背広の天皇』　甘露寺受長

お住まいのお文庫（前に述べた防空壕兼用であった建物で、当時名前のつけようがなくて仮に「お文庫」と呼びだしたのが、そのままになっている）　（二四九頁）

『昭和史の天皇』

「お文庫」の工事がはじまったのは、昭和十六年四月十二日。着工に先立って、宮内省の掌典（皇室専属の神官）による地鎮祭が行なわれた。当時、内匠寮の造営課長だった深尾代治氏の記憶によると、たいそう寒い日だったそうで、二月末か三月の初めではなかったろうかという。

設計と監理は宮内省内匠寮工務部、施行請け負いは大林組。戦後伝えられるところでは、近衛の兵隊が造ったということになっているが、これは、お文庫着工の三か月後に、築城本部が同じ吹上御苑で建造にとりかかった大本営附属室と混同したものらしく、間違いである。

当初の設計上の要点は、百キロ爆弾に耐えられるものを造るということだったが、この耐爆強度は、工事途中から、さらに大型爆弾にも耐えられるようにと注文が出たため、何度か設計を変更しなおさなければならなかったが、それよりも何よりも、工事関係者が一番気をつかったのは〝防牒〟ということだった。

皇居の吹上御苑は、半蔵濠を中にはさんで、イギリス大使館と向かい合いになっている。まだこのころは開戦前だから、大使館には、大使をはじめ、書記官や大使館付き武官らが在勤している。濠沿いの皇居の石がき上には、ケヤキやサクラや、クスノキなどの木々が茂り、一応林を成しているとはいうものの、当時の御苑は、戦後のように、武蔵野のおもかげをとどめるようにはまだなっていなかったので、大使館の屋上にあがって望めば、工事場はまる見えになるおそれがある。（中略）スパイの目をふさぐためにはどうしたらよいか。結局これといった名案もないし、工事の進行は急がされて

いるので、工事場の周囲一帯に板囲いをして、目かくしとした。（後略）

設計は、口の堅い点では日本一というくらいの宮内省だから、まず心配はない。施工請け負いの大林組も、昭和十三年に大宮御所（皇太后＝のちの貞明皇后＝のお住まい）の防空建築「お文庫」を造っているので安心である。しかし念には念をいれるにこしたことはない、というわけで、業者への発注設計図は、全部が全部、部分的に描いて渡すことにした。業者もずいぶんやりにくかったろうが、「工事の全貌がわかっては一大事でしたからねえ」工事にタッチした人は戦後二十年余り経たいま、こういって苦笑している。

（第一巻　一四三〜一四四頁）

『人間昭和天皇』

昭和十六年（一九四一）四月十二日、吹上御苑に防空壕の建設が始まった。（中略）防空壕とも言えず「吹上御文庫」と称した。公家の社会では昔からの物や書籍を入れておく蔵をいった。東山御文庫、山里御文庫もある。「防空壕とお呼びするのもはばかられますしね」と永積の話。吹上御苑の西地区、半蔵濠を隔てて英国大使館があり、現場は目隠しのため高い板塀で囲われた。三交代、昼夜兼行の突貫工事だった。

（上　四六七頁）

『昭和史の天皇』

お文庫はハーモニカのような建て物である。

耐爆強度は最初百キロ爆弾に耐え得うるものということだったが、途中から二百五十キロになり、しまいには五百キロにも耐えられるようにという命令がきた。実際に、戦争で使われている爆弾がどんどん大型化してきたので、それに対応するための措置だったのである。

しかしこの建物は、単に防空壕として利用されるだけでなく、両陛下のお住まいとして使われることになるので、居住性も当然考慮されねばならなかった。採光、通風、間取り、こういったお住まいとしての要素を、防空建築の中にどう取り入れてゆくか、おそらく最初の防空建築として、設計者が一番苦心した点であろう。（後略）

敷地面積は約千三百二十平方メートル。形は、東西の間口七十五メートル、南北の奥行き二十メートル、細長い長方形である。

地下室は一階と二階に分け、一番下の地下二階が両陛下のご避難所とされた。その上の地下一階は大部分が機械室で、脱湿機、送風機、空気浄化装置などをすえつけ、余った部分に調理室がつくられた。（中略）地上一階は、半分が両陛下の私室で、半分がご政務室、皇族休所、食堂、常侍官候所というぐあいに、公的な場所として使われるように設計された。

お文庫の南側には一面に広いベランダをつくり、その最前面に一辺が一メートルほどもある太い四角なコンクリートの柱を二十数本並べることにした。これがお文庫をハーモニカのようにみせたのである。採光という点からは難があったが、林立するこの柱で、爆風や爆弾の破片がとびこんでくるのを防ごうというわけである。もちろん各部屋の窓や出入り口には、外側に鉄のシャッターをとりつける。

防空建築としての一番の問題は屋根である。大型の爆弾が落ちてきても天井を貫かないような強さを持たせるとなると、当然のことながら分厚いものになる。しかも、ただ分厚いだけでは意味がないので、天井のコンクリートと、屋根の表面のコンクリートの間に、砂の層をサンドイッチのようにはさむという構造を考案した。

天井のコンクリートの厚さが一メートル、砂層の厚さがこれまた一メートル、そしてさらにテッペンのコンクリートも一メートルの厚さとしたので、屋根全体の厚みはなんと三メートルという途方もないものになった。

こうなると、屋根の重量も相当なものだ。だから、それを受けとめる柱や壁にも特別な配慮を必要とした。柱はベランダのものと同様に一メートル四方という太いのを使うことで解決したが、壁は、屋根をささえるほかに、爆風や震動にも耐えなければならないので、地上、地下を問わず、全体を厚さ五十センチのコンクリートで固め、そのシンに鉄板をはさみこんだ。こうしておけば、たとえ大型の至近弾が落ちても、ビクともしないという構えである。（中略）

空からの敵の目をどうやってくらまそうかということである。（中略）カムフラージュの問題である。工事関係者がひねり出した案というのは、厚さ三メートルもあるお文庫の屋根の上に、さらに土を積みあげて、芝やかん木を植えこもうというものである。（中略）なるべく枝の張ったツツジのような木を選んで植えこみ、芝生には、枯れアシなどもまぜこんで植えつけた。屋根だけでは安心できないので、クリーム色の壁にツタをはわせるようにもしたが、大きな建て物の壁面全部をツタの枝葉でおおうにはかなりの月日がかかるから、このほうは思うにまかせなかったようである。（略）宮内省の記録によると、屋根の補強工事がおわったのは、それから二か月後の六月二十日となっているからである。

工事の進行状況を、記録書類をもとにしてたどってみよう。

着工は昭和十六年四月十二日、それから二か月後には地下一、二階が一応でき上がった。

地下室ができるとすぐ付帯工事にとりかかった。付帯工事というのは、電気の配線をしたり、給配水管をとりつけたりする作業のことで、例の脱湿機や空気浄化装置なども運びこまれた。また地下二階の、両陛下のご避難所になる部屋のそばには、濾剤《ろざい》かんを五基すえつけた。濾剤かんというのは〝毒ガス〟を浄化する装置で、大きな蒸留がまのようなものである。（中略）

地下の工事が一段落すると、引きつづいて地上施設の建設、装備にはいっていった。ここには両陛下のお居間や、天皇陛下のご政務室が造られたので、消音器をとりつけた。爆音や高射砲の発射音がひびいてきては、ご政務のさまたげにもなるが、それ以上に、陛下は、国民の身の上を絶えずお考えになっていらっしゃるので、より以上、ご心配をおかけしないようにというのが、消音器をとりつけた理由だったらしい。

開戦から二十日後、昭和十六年もいよいよ押しつまった十二月二十八日、建物だけはでき上がった。（中略）工事は休みなく続行された。年が改まると、屋根の補強工事が本格的にはじまった。（中略）そして十七年六月二十日に完了した。残された作業は、前年の六月からつづけられている機械類のすえつけや、そのテストである。作業は意外に手間取り、一年余をついやしたが、それもやっとおわった。

宮内省の記録書類には、十七年十二月三十一日、お文庫の造営工事完了と記されている。

造営に要した費用は約二百万円。うちわけは、建て物関係百六十四万五千円、機械設備費十五万円、電気関係費九万円、給排水設備その他十万五千円となっている。

完工式はごく内輪に行なわれ、作業に従事した人たち全員に、両陛下からマンジュウが下賜された。「あのころは甘いものに飢えていましたからねえ、おまんじゅうを押しいただいたものでしたよ」工事関係者の追憶である。

（第一巻　一四六〜一五二頁）

『同　右』

武官府からお文庫まで車では二、三分だが、徒歩者は警手がいれないことになっていた。お文庫は四百坪（一三二〇平方メートル）の長方形の地上一階、地下二階建て、中央の正面玄関は入り口が二つあり、玄関に向かって左が陛下の出入り口、右が皇后さまの出入り口とわかれていて、はいったところがホールになっていた。

しかし、両陛下以外のものは建て物の左端の入り口から出入りする。皇族や閣僚ら高官の出入り口はまた別だが、やはり建て物の左端に作られてあった。というのは正面玄関をはいったホールの右側に両陛下の私室などがあり、公事はホールの左側の部分で行なわれていたからだ。

（前略）この左側の一般用の玄関からはいる。はいったすぐ左の部屋が常侍官候所で、（中略）この常侍官候所の前の廊下に立ってながめてみたとしよう。ここは建て物の一番端だから、一目で間取りの全部が見通せるわけだ。順に右側の部屋からいえば、まず一般洗面所、皇族御休所、薬室（薬局で一通りの常備薬が置いてあった）、次が陛下の手洗い所、その向こうが湯殿と洗面所で、赤いジュータンを敷いたホールとなる。
左側の部屋を見て行くと、まず供進所《ぐしん》（配膳室）、食堂、その次が陛下のご政務室で、その先がホールとなる。ホールからさきは、さきにも書いたように両陛下の私室のある奥向きだ。（中略）
このご政務室は、あの明治宮殿の二階のそれと比べ、いかにも手ぜまなものだった。（中略）「ただ非常にせまいということ、ひさしの長い明治宮殿に比べ、ベランダに面していたせいで、大変明るかった」（後略）
正確には六坪、タタミにしてわずか十二畳である。（中略）このせまい部屋に書棚が、入り口から見て向かって左の壁面に三つ、右の壁に二つ、とびらにそった壁に一つと全部で六つもあり、部屋をますますせまくする。

（第一巻　一一六〜一一八頁）

『人間昭和天皇』

昭和十七年（一九四二）六月二十日竣工。地下二階、地上部分は東西七五メートル、南北二〇メートルの細長い建物だ。地下一階は機械室。脱湿機、送風機、毒ガスに備えた空気浄化装置、それに調理室など。地下二階が大本営の会議室（＊御文庫附属室と混同か）。地上一階が居住部分で、政務室や皇族休所、居間、常侍官候所などがあった。
外からは、ハーモニカのような形に見える。南側に沿ってずっと広いテラスがあり、その外側に一辺七〇センチほどの四角のコンクリート柱が、約三メートル置きにズラリと並んでいる。列柱で爆風や爆弾から防護しようというのである。コンクリートの外壁は厚さ五〇センチ、なかに鉄板が入っていた。車寄には部厚い屋根が爆風対策に、長く突き出ており、一メートル角ほどの大理石の柱五本で支えている。（中略）御文庫の天井は爆撃から守るため、コンクリートの上に砂層を乗せ、またその上にコンクリートを打つ。厚さはそれぞれ一メートル。さらに土をのせて〝屋上庭園〟を造り、カモフラージュした。その重量に耐えるだけの柱が必要だった。

御文庫の工事中、宮内省の現場責任者ともいうべき岡本愛祐に、侍従武官沢木理吉が「完成は年末だそうだが、もっと早くできまいか。ぜひそうしていただきたい」と言ってきた。昭和十六年（一九四一）七月二十三日のことだ。二日後、蓮沼武官長は「国際関係の緊迫化に伴い、地下室の部分だけでも早く」と強く迫った。

（上　四六八頁）

『侍従長の遺言』　徳川義寛

吹上御文庫はもともと防空壕として造られたもので、地下室もあったのですが、大きな爆弾には耐えきれないと、軍が新たに北方の地下に附属防空室を造っていました。この防空室で終戦の御前会議などが開かれたのです。でも陛下は、賢所が避難しなければ、なかなかお入りにならない。大宮御所にも防空壕を造ったのも、大宮さまのお住まいに防空壕がないのに、自分だけ入る気にはなれないとの陛下のお気持があったからでした。

（七一頁）

『昭和天皇実録』

昭和十七年八月十二日

吹上御文庫竣工

午後三時四十五分、皇后と共に吹上御苑にお出ましになり、今般竣工の貯水池並びに御文庫をご覧になる。五時三十分お戻りになる。なおこの日、御文庫並びに同じく今般竣工の斎庫においてそれぞれ修祓の儀が行われる。

御文庫

御文庫は、防空用施設として建設され、間口七十七・五メートル、奥行き二十一・四メートル。地上一階、地下二階から成る。昭和十六年五月二十一日、地下築造工事に着手、同年十二月二十四日に竣工。引き続き本年一月七日、一階築造並びに地階内部その他仕上工事に着手し、六月二十日竣工予定のところ、建物外壁の色をモルタル吹付仕上げより迷彩塗料塗りに変更したため、七月十五日まで工事が延長される。

貯水池

また貯水池は、御文庫の西方にあり。本年五月二十三日着工、六月三十日竣工。鉄筋コンクリート造り。長さ二十五メートル、幅八メートル、深さ一メートル二十センチより三メートルに及ぶ。これに加えて附属貯水池あり。長さ六メートル、幅二メートル、深さ七十五センチより一メートル三十センチに及ぶ。以後、貯水池は御水泳用のプールとして利用される。

斎庫

なお斎庫は、賢所・皇霊殿・神殿のための地下防空施設として、賢所仮殿の西北に建設された地下室であり、その上には盛り土が施される。斎庫は昭和十六年十月十四日着工、本年六月二十日に竣工

し、建坪は約二百四十平方メートルに及ぶ。（第八）

『日本防空史』浄法寺朝美

お文庫

宮内省は昭和一六年四月一二日、皇居内の吹上御苑に「お文庫」工事を起こした。お文庫は両陛下のための防空建築であり、宮内省工務部長鈴木鎮雄《（ママ）》氏が、しばしば陸軍築城部本部長佐竹保次郎中将を尋ねて、耐弾構造の示唆を得、また東大教授その他と相談して設計されたものである。地上一階地下二階（ドライエリア付）、間口七五m、奥行二〇mで、地下二階がご避難所。地下一階が機械室（空気浄化装置・発電機・送風機・脱湿機・毒ガス濾函五基）及び調理室。地上一階が、両陛下の私室・政務室・侍従室・公的な室・食堂その他となっている。耐弾強度は一〇〇kg地雷爆弾を想定し、地下及び地上壁は鉄筋コンクリート厚さ五〇cm（心に鋼板を挿入）。六月、地下一・二階の建築を一応完成した。地上一階の天井部は、二五〇kg爆弾に対して補強することに改め、鉄筋コンクリート厚さ1m、砂層厚さ一m、鉄筋コンクリート厚さ一mの合計三mのサンドウィッチ構造に増強し、一二月二八日建物を完成した。引き続いて屋上庭園工事、機械の設置試運転を終り、お文庫造営工事は昭和一七年一二月三一日、一年八カ月の工期もって完了した。大林組の請負工事であった。建物費一六四万五〇〇〇円、機械設備費一五万円、電気関係費九万円、給排水設備その他一〇万五〇〇〇円、合計二〇〇万円であった。

戦時中陛下は、お文庫に避難されることが多くなり、お文庫が常の住居となり、政務もここでおとりになり、昭和二八年に大改修をして、一七年間ここにお住まいになられたということである。

（九四頁）

(四) 大本営会議室（地下壕）（いわゆる御文庫附属室）

昭和一六年に入り、いよいよ太平洋も波高しとなり、日米開戦の気運がみなぎり、太平洋からの米空母の艦載機による空襲。また独ソ開戦により、ソ連軍又は米軍のソ連極東方面の飛行場からの日本爆撃も懸念され、空襲下でも天皇臨席の会議が開催できるように、東条陸相の直命により吹上御苑の御文庫近くに大本営防空会議室を建設することになりました。御文庫では耐爆能力が足らず、また、会議を開くにはスペースが狭いとの判断でした。

昭和一六年八月に着工し、同年九月末に宮内省に引き渡されました。「戊号《ぼごう》演習」と称されました。これが第一期工事でした。その後、昭和二〇年春に御文庫と御文庫附属室の間に地下連絡通路が造られました。

さらに、米軍がヒトラーの山荘を一〇トン爆弾で攻撃したことが分かり、御文庫附属室も一〇トン爆弾に耐えられるように、昭和二〇年六月から着工し、同年七月末に竣工した第二期工事が実施されました。これは「一号演習」と称されました。

そして八月、この御文庫附属室でポツダム宣言受諾の御前会議が開かれ、戦争が終結するに至りました。

①　第一期工事（昭和一六年）　戊号《ぼごう》演習

幸いなことに、読売新聞社編の『昭和史の天皇』に、多くの関係者のインタビュー記録が記載されています。昭和四二年から出版が始まり、当時は戦後二〇年程になりますが、まだ多くの関係者がご健在であり、貴重な記録となっています。この本は全三〇巻よりなり、その内、第一巻に第一期工事のことが、第四巻に第二期工事のことが記載されています。表現も面白く、特に地下壕内の様子は圧巻です。

引用は長文ですがこれから見ていくことにします。

『昭和史の天皇』

このお文庫からおよそ百メートルくらいの場所に造られた「大本営附属室」のことも書いておかねばならない。この附属室は、あの昭和二十年八月九日と十四日の二回にわたって行なわれた御前会議、終戦を決した、日本の運命を決した、あの御前会議の開かれた場所でもある。

戦後二十年余りを経たいまもなお、吹上御苑の一ぐうに、当時と余り変わらぬ姿を地中深くとどめているが、ここには昭和史の秘話の一コマがかくされている。

昭和十六年の、日はよく覚えていないが、夏のはじめ、（中略）陸軍築城本部の野口正義本部長（中将）のところに、陸軍省から電話で、緊急重大な要件があるからすぐ大臣室にこい、といってきた。（中略）

東條陸相はこういった。「宮城の中に、堅牢な防空室を造ってもらいたい。場所など詳細については宮内省と相談するように。しかしこれは緊急を要する問題であるから早急にとりかかってもらいたい。また防空室の耐爆強度は、二百五十キロに十分もちこたえられるものでなければならない」ここでいったん言葉をきってから、最後に「おそらくアメリカは、二百五十キロの爆弾を使うだろうからなー」といったそうだ。野口中将はハッとした。いよいよ戦争をやるのか、と思ったからだ。

野口中将は築城本部に帰ると、直ちにブレーンを集めて陸相の話を伝えた。そして、さっそく宮内省と折衝をはじめ、日を決めて、野口中将以下、技術将校数人が皇居を訪れ、宮内省内匠寮の鈴木鎮男《（ママ）》工務部長の案内で、吹上御苑にはいっていった。この現場視察には、陸軍省と参謀本部の高級将校も同行した。吹上御苑は、さきにも書いたように、手入れのゆきとどいた一面の芝生である。その中に板囲いをして、すでにお文庫の建設工事がはじまっていた。

築城本部のブレーンたちは、鈴木工務部長と、位置をどこにするかなどを話し合いながら、御苑の中を歩いていった。――と、お文庫の工事現場から東北寄りにこんもり盛り上がった小山をみつけた。通称地主山《じぬしやま》とよばれているところである。一同の意見は一致した。この山すそを利用して問題の防空施設を造ることにしよう。

皇居を辞して築城本部にもどった一行は、いそぎ設計にとりかかった。場所は大内山の奥深い吹上御苑である。そばには陛下のお住居となるお文庫が建設中である。とすれば、こんどの施設も当然陛下がご利用になることであろう。となると、是が非でも、完全無欠なものを造りあげなくてはならない。関係者は想を練り、全知識をかたむけて設計図を引いていった。
だいたいの設計図ができたところで、図面を陸軍省へもって行き、東條陸相に見せた。築城本部の計算では、完成までには十二月一ぱいかかることも説明した。これを聞くと、東條陸相は語気を強めていった。「十二月ではまに合わない。九月一ぱいには完成させてもらいたい」（中略）「人員や、資材、食糧などはいくらでも出すから、九月中に造りあげてもらいたい」

かくてこの工事は、〝緊急絶対命令〟となったのである。軍はこの工事を「戊号演習《ぼごう》」と呼称した。昭和十六年七月、お文庫の建設工事を追いかけるようにして「戊号演習」は開始された。

お文庫建設の着工から、およそ三か月おくれてはじまったこの戊号演習（演習というのは防諜上の用語なので、以下工事という）は、お文庫の工事とちがって、直接軍が手がけたものなので、作業に従事するのはすべて兵隊。しかもいまをときめく東條陸相からの直接命令だったから、兵力は惜しみなく投入された。

当時、築城本部のブレーンの一人だった浄法寺朝美技術大佐の話によると、工事に参加した部隊は、近衛の歩兵師団、津田沼の鉄道連隊、赤羽の近衛工兵連隊、水戸の工兵連隊で、築城本部が設計、監理、指導にあたった。動員された兵力は、のべにしておよそ十三万五千人、一日平均千五百人の兵隊が、三交代にわかれて、昼夜の別なく突貫工事にとりくんだのである。

平行して工事がつづけられているお文庫のほうは、大林組が施工を請け負っていたので、作業に従事しているものは、みんな土木建築の専門家だが、こちらのほうは歩兵師団が加わっているので、あらゆる職種の出身兵がいた。

「工兵が二個連隊と鉄道部隊が一個連隊いたので、大工、土木、電工、機械工など、土木建築にはこと欠かない兵隊が多勢いました。おまけに歩兵部隊の中には小学校の教師や警察官、それに僧りょまでいましたからねえ、まるで一つの町の人口が全部あつまったみたいで、何をやるにしても非常に便利な部隊でしたよ」技術指導に当たった浄法寺大佐の述懐である。（第一巻　一六一～一六五頁）

『同　右』

〃天子さま〃は神の御子《みこ》——とおしえられていた時代のことである。万々一にも、失礼な行動をとるようなものが出ることはあるまいが、人間の心理というのはおもしろいもので、神秘のベールに深く包まれていればいるほど、好奇心はいっそうつのるのである。俗にいえば〃のぞき趣味〃である。そこで、こうした不心得ものが出ないさきにと、まず、吹上御苑を二つに仕切る、長大な板べイをこしらえることになった。（中略）およそ三十三万平方メートルの広さをもつ吹上御苑の北側三分の一が、長蛇のような板べイで完全に仕切られたわけである。板べイの高さが何メートルだったか、こまかいことは浄法寺大佐も忘れたが、とにかく、背のびしても、とびあがっても、ヘイの向こう側は見えないくらいの高さだったことはたしかだそうだ。

これで陛下のプライベート地域にまぎれこむ兵隊も出ないだろうし、〃のぞき〃をやるものもいないだろう、と安心していたら、いつのまにか、兵隊たちの間にこんなうわさがひろまりはじめた。

〃陛下がプールで泳いでいられるのを見てきたよ〃というのである。

ほんとうかどうかわからないが、もし、事実なら、とんでもないことをしてくれたものである。こんごまた、こんな〃のぞき〃のうわさが流れるようでは困るので、ヘイの板と板のスキ間を完全につぶすため、目かくしの目板を全面的に打ちつけることになった。「戊号演習」を築城本部に命じた東條陸相は、職責上、しばしば作業現場に現われ、視察、激励をしていったが、この兵隊たちのうわさが耳にはいったものかどうか、目板の打ちつけ作業をしているときにもちょうど来合わせた。

軍刀を腰に、ピカピカ光る長靴を大またに運んで現場にやってきた東條陸相は、しばらく兵隊たちの作業ぶりを見ていたが、やがて「おれにも貸せ」と手をだした。声につられて振り返った兵隊は、ベタ金のえり章をつけた陸軍大臣がすぐとなりにいたので、びっくりしたが、東條陸相はハンマーとクギをうけとると、兵隊たちの中にまじって、幅四センチほどの目板の打ちつけをはじめたのである。（第一巻一六五〜一六六頁）

『同　右』

東條陸相がクギ打ち作業をした「大本営附属室」とは、いったいどんな構造になっていたのだろうか――。

ことは軍に関するものなので、そのころからずっと陛下のおそばに仕えている侍従たち

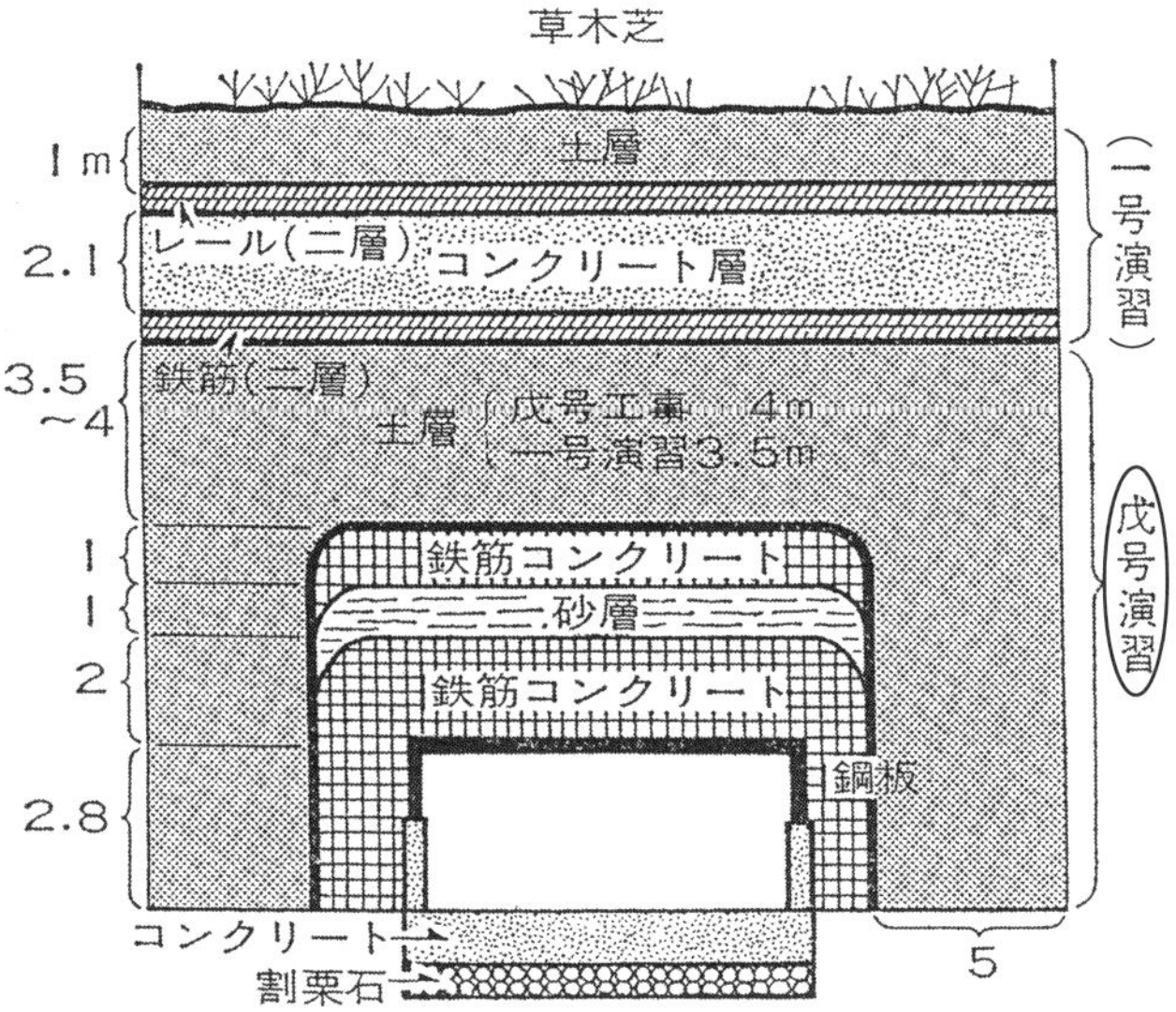

吹上防空室防護層断面図（「昭和史の天皇」第四巻 p.349 より）
（＊昭和 16 年は戊号演習部分のみ）

にも、その詳細はわからない。また侍従武官も、この点では侍従と同様である。せめて、お文庫のように、記録書類でも残っていてくれればよいのだが、これも終戦とともに、すべて灰になってしまったというからダメ。残る糸口は、工事にたずさわった人の記憶にまつだけである。というわけで捜しもとめたら、さきに紹介した浄法寺朝美技術大佐に出会った。

大佐は当時、築城本部付きで、この大本営附属室の設計に参加し、完成まで野口中将の指揮下で、終始、監理指導にあたった人である。したがって、戦後二十年余りを経た今日でも、その脳裏には鮮烈な記憶が残っている。そこで大佐の口から、この日本一堅牢無比を誇った、大本営附属室の全貌を明らかにしてもらうことにした。

「大本営附属室の利用面積、つまり敷き地はおよそ三百三十平方メートル、東西に長い長方形でした。構造の順からいいますと、まずこの敷き地に深さ一・五メートルのプールのような穴を掘り、その底に、割りぐり石を五十センチの厚さに敷きつめました。そのころは、いまのように機械類がそろっていなかったので、もっぱら人力にたよるほかテがなく、兵隊たちがタコで堅く打ちかためたものです。そのつぎに、こんどはコンクリートを一メートルの厚さに流しこみ、固めました。これがこの施設の基礎となったわけです」

戦後、この附属室をさして「地下壕」とよぶものが多いが、実際には、基盤は地表と同じ高さにあったのだから、地下壕というのはあまり適当でなく、単に防空室というほうが、構造面からすると正しいということになる。

それはともかくとして、こうしてできた基盤の上に鉄筋のコンクリートの外壁をめぐらし、その中に、大小五つの部屋を設けた。この外壁の鉄筋コンクリートの厚さは一・五メートル、実に、基盤の厚みと同じという堅牢ぶりである。また各室を仕切る内部の隔壁も、これまた一メートルという部厚い鉄筋コンクリート壁としたので、いよいよもって、これは巨大なトーチカのごとき様相を呈してきた。

さらに構造を上へみてゆくと、分厚いコンクリートの外壁の上に、厚さ一インチ（約二・五センチ）の「コ」の字形の鋼板をかぶせるようにのっけた。この鋼板は、メーカーに特別に注文して造らせた非常に強靭な金属で、これが防空室の天井の梁となったのである。そして、この上に鉄筋コンクリートを二メートルの厚さにのせ、さらに厚さ一メートルの砂の層を積みあげた。この砂層は、お文庫の屋根の場合と同様に、落ちてくる爆弾の衝撃をやわらげるのが目的、いわばクッションのような役目を果たさせるわけである。

砂の層の上には、さらに、厚さ一メートルの鉄筋コンクリートの層をのせ、そのまた上に、土を四メートルの厚さにまでつみあげた。そしてこの土には、カムフラージュのための芝や樹木を植えこんだ。

このように、大ざっぱに説明してくると、お文庫の構造と非常によく似ていることにお気づきだろうが、ちがうのは、特製の鋼板を天井に使ったことと、もう一つは、何といっても天井から土層の表面までの厚みが八メートルという大幅なものになったことである。お文庫の屋根の厚みは三メートルだから、これはその倍以上ということになる。そしてくどいようだが、この分厚い屋根の重量を完全にささえてくれたのが、特製の鋼板だったのである。

浄法寺大佐によると、この構造のヒントになったのは、マジノ・ラインということだった。（＊フランスの陸相アンドレ・マジノの発議により作られた鉄とセメントによって作られた長大な要塞。南は地中海のイタリア国境からスイス、ドイツの国境、北端はフランス、ベルギー、ルクセンブルクの三角国境点ロンウィーまで達するが一九三〇年から三六年にかけて構築された）このマンモス要塞の中から、防御の面だけをヒントにとり入れて、さらに強化設計された〝小型マジノ〟だったと思ってもらえばよい。

（第一巻　一六七〜一七〇頁）

引用が長文になりましたが、雰囲気はよく分ると思います。

『日本防空史』　浄法寺朝美

宮城内大防空室

当時、各国の投下爆弾は一〇〇kg弾、二五〇kg弾が通常使用の爆弾となっており、御文庫の側壁が一〇〇kg弾、屋蓋が二五〇kg弾に対する耐弾強度では不安であり、かつ構造物を地下に秘匿して、敵機の視認を避けるべきであるとの意見が、陸軍の関係当局者間で話し合われた。東条英機陸相は宮内省と相談の上、宮城内に堅牢な防空室を、陸軍の兵力で、戌号演習工事として急ぎ構築することとし、昭和一六年七月、お文庫の建設工事を追いかけるように、本建設工事に着手した。日米開戦の場合、大本営の重要会議には大元帥陛下がご臨席になるので、宮城内の陛下のおそばに、大本営会議室を設けるのがよいと判断した東条英機陸相は、六月中旬陸軍築城部本部長野口正義中将を呼び、これが工事を命ぜられたのである。

野口中将は予定地調査のため、築城本部、参謀本部、陸軍省、宮内省内匠寮の関係者を同行し、（筆者も同行）、会議室として決定したのが地主山の北側山脚で、お文庫から直距離約一〇〇mのところである。地主山は北側の平地からの高さ約二五m、樹齢数百年の大木が数本枝を広げて茂り、北側に長くその蔭を落としていて、工事を掩蔽するには格好の場所であった。

直ちに測量を実施し、設計に取りかかった。室割りは、宮内省内匠寮から、御休所と次室としてそれぞれ約二〇㎡と専用水洗便所、陸軍省から、大本営会議室として約五五㎡と機械室（自家発電機、空気清浄装置、冷暖房装置、水槽、人力足踏みガス濾過装置など）として約七八㎡、電話室として約一五㎡、その他水洗便所などであった。

本構造物の耐弾強度は地雷爆弾二五〇kgに絶対安全、五〇〇kg地雷爆弾にはほぼ安全と指定され、数年前から築城本部において実験研究を重ねたデータに基づき、屋蓋および側壁、基礎などについて、その必要な厚さ、構造、任《ママ》法を検討し、かつ室の配置などを設計した。

すべて鉄筋コンクリート構造とし、ベタ基礎の厚さ一m、外壁の厚さ一・五m、内部隔壁の厚さ一m、屋蓋天井は厚さ二m、その上部にサンドクッション厚さ一m、更にその上部に厚さ一mの鉄筋コンクリート層を打設し、これらが完成した後、覆土の上、小樹木を植え芝張りをするというものであった。

御休所・次室・会議室など最重要な室は中央に配置したから、外周に落達する爆弾に対しては外壁および内部隔壁（仕切壁）の二あるいは三以上に防護された。また上部に対しては、先に述べた屋蓋天井二mの鉄筋コンクリートの下に、衝撃による被りコンクリートの飛散を防止するため、住友金属に注文した厚さ一インチの特殊鋼板を敷き並べた。照明も天井から吊り下ろすと、衝撃破壊するおそれがあるので、側壁採光とし、グローブを取り付けた。天井は逆皿型のラーメン構造で、床上三・五m、側壁はコンリート壁にラワンを取り付けて、高さ二・五mである。

内部隔壁に設けた各室の出入り口には、厚さ三〇cmの金庫式鉄扉（佐倉金庫製）を建て込み、その他床などの内装工事を実施した。本防護室の通路としては、室の前面に幅三mの耐弾大廊下を設け、これから大きな半径で左右の出入り口に向っていて、その長さは各二二m、外部至近弾の爆風の通過を容易にしている。

本工事は設計、積算、器材収集、兵力、段取り、工程、工事量などから判断し、七月着工、一二月完成の工期六ヵ月間として申し出たところ、それでは遅すぎる、九月末日までに完成せよと東條陸相の厳命であった。年内開戦を考えられていたものであろう。

さて作業指揮官野口正義中将は現場付近に指揮所を開設し、築城本部員が設計、監理、現場指導に当り、七月着工、一部特殊作業（機関室工事、内装工事、ミキサー運転）を除いて、掘削、運搬、割栗地形、鉄筋の加工組立、型枠の加工組立、コンクリートの計量・運搬・打設、足場、軌道、エレベータ、石積などの諸作業を、すべて兵力によって実施した。コンクリート打設場の編成、鉄筋・型わくの設計図、コンクリートの配合設計等基本となる事項、機関室各機関、照明、給排水、通信等の付属設備は築城部本部々員、科学研究所々員がそれぞれ分担して計画設計し、外部から所用機材を搬入し、二四時間三交代の突貫作業として、三か月で完成した。延べ兵力は約一三万五〇〇〇人であった。

本工事は防諜上戊号演習と称して、戦争突入前秘密工事とした一つの演習工事であったが、後に大本営会議室、大本営附属室、吹上防空室などと呼ばれるようになった。除土量約四〇〇〇㎥（地主山の北側山脚を斜面に削り、平地を深一・五m掘削、両側通路各長さ二二m分）、割栗地形約六〇〇㎥、コンクリート量約三三〇〇㎥、鉄筋約一八〇t、木材約八〇㎥、積土約四〇〇〇㎥、間知石積約九〇㎡の作業量であった。

（九五〜九六頁）

『父梶原美矢男の話』

昭和一六年の第一期工事（戊号演習）に従事した私の父梶原美矢男からの聞き書きを紹介します。父はこの工事の直前、昭和一六年七月に陸軍士官学校を卒業（五五期）し、赤羽の工兵連隊に赴任し、最初のまとまった仕事になったようです。父にとっては、なにぶん七〇年前の体験であり、思い違い、勘違いもあるかも知れませんが、そのまま記します。

一　昭和一六年七月一八日、陸軍士官学校を卒業し（五五期）、原隊は第一師団・工兵第一連隊であるが、東部軍直属の赤羽の独立工兵二一連隊（通称、東部一五部隊　第二中隊・第一小隊長・工兵少尉）に配属。昭一六年八月〜十月下旬？まで、「戊号演習」に東部軍司令部の命により、同連隊も動員され、この大本営附属室（＊半藤一利氏の「日本のいちばん長い日」に二二五頁の皇居の地図、御文庫の東方の「大本営附属室」と記載されているところ）の位置に、対米戦争に備え、一トン爆弾に耐えられる防空壕の建設に従事した。

陸士の築城の教官（調べれば分かるのだが名前は忘れた）が工事責任者で、今でいえばその秘書のようなことをした。平成二一年正月の朝日新聞・御所の特集七ページ下段左に御文庫の地下に一トン爆弾にも耐える防空施設を建設したとされているが、これは誤り。御文庫の防空施設は一トン爆弾に耐えられないので、対米開戦の直前に、陛下の起居室（正式な呼び方は忘れた）と重臣会議室（そのように呼んでいた）の二室からなる地下壕を突貫工事で建設した。担当した作業は十月下旬？には完了し、内装（確か竹中が施工した）等の工事に入ったものと思われる。真珠湾前には完成したと思う。

二　一直一〇〇〇名、三直で一日三〇〇〇名。車両一〇〇〇台を動員した大工事であった。四～五〇mの築山を取り払い、地下壕を作り、また築山を築き直し、上空からは分からないようにした。工事車両の出入りがイギリス大使館から見られる所なので、カムフラージュに苦心した。資材搬入のトラックは資材を半分入れ、その上に兵隊を座らせ、資材搬入が分からないようにした。陛下も馬でよく見に来られた。一度、陛下が見られている前で滑車の事故があり、面前で数名が死傷した。資材の一部に大宮御所の建替え用に準備していた極上の木材も使用され、もったいない気がした。ここにトンネルを作り、そこから起居室・会議室の入り口の扉を取り付けた。

三　元日の朝日新聞の防空壕の写真（＊新聞には一九六五年宮内庁提供とあります）の鉄製の扉は見覚えがあり、手前の方は会議室の入り口の扉。奥の方は陛下の起居室の入り口の扉である。起居室の扉の方が、会議室の扉より少し小さい。写真でも遠近の関係もあるが、実際、少し小さかった。

この扉は厚さ四〇センチ、重さ三～四トンあり、海軍の横須賀工廠で製作され、運搬に大変苦労した。朝日の記事では御文庫の地下壕として記載されているが、（御文庫の地下壕は見た事がないが）これは、「大本営の地下壕」の写真である。

（＊平成二七年八月一日の宮内庁発表資料によれば、手前の鉄扉は、厚さ三〇センチ、高さ二一二センチ、幅一三二センチ。奥の鉄扉は、厚さ二五センチ、高さ二一二センチ、幅一〇二センチ。奥の鉄扉の幅が三〇センチ小さかった。又、海軍省から、宮内省あての請求書及び別紙内訳により、鉄扉は八月二八日に現品が引き渡されています）

四　戦後（昭和三〇年頃？）朝日新聞に、築山に謎のコンクリート工事の跡がある旨の記事と写真が掲載されていたのを見たが、その写真には見覚えがあり、戦後わずかしか経っていないのに、私が工事に参加した地下壕が何なのか分からなくなっているのかと思った。「大本営附属室」の地下壕の入り口が終戦後にコンクリートで塞がれたものだろうと思った。

五　半藤一利さんの「昭和史」のなかで戦時中に地下壕が作られたように書かれていたが、昭和一六年に作ったときは、入り口まで車でこなければならず、御文庫と直通の地下道通路をその後作ったことを意味するのではないか？

（＊父の参加した工事は昭和一六年の第一期工事で、昭和二〇年の地下道連絡工事及び第二期工事はノータッチです）

六　この地下壕建設後に動員下令があって、コタバル（マレー）敵前上陸担当予定となった。内地にはしばらく帰れないだろうから、記念に川口のすし屋から鮨を取って連隊全員（八〇〇名）で食べたところ、連隊長以下約二〇〇名が腸チフスになり、数十名が死亡する事態になった。アメリカのスパイによる工作だったと思う。私の部隊は船舶工兵なのでそれが動けなくなると上陸作戦が不可能になる。スパイはそれを狙ったのだろう。その為、コタバルには参加できず、独工二一連隊は一二月下旬のリンガエン（フィリピン）上陸作戦に参加した。私は出動命令に備えていたが、隔離病棟に入院中、一二月八日の開戦を知り、直ちに退院し赤羽に復帰したが、連隊はすでに出動済みであり、留守部隊に残留となった。（以上、主に平成二〇年三月、平成二一年一月にヒアリング）

七　工兵は甲、乙、丙、丁、戊、己の6種類にわかれ、戊は対ソ戦の特殊任務部隊であった。
（＊父は違うだろうということでしたが、「戊号」演習の名称はあるいは対ソ作戦の意味か）

八　工事をやっていることは、イギリス大使館に分かるので、単なる皇居内の通路・トンネルを造っているように見せかけたかったのではないか。実際は頑丈な地下防空室であった。（以上、平成二五年八月にヒアリング）

九　浄法寺大佐については記憶がない。松戸の工兵学校の研究部長だったとすれば、私も昭和二十年

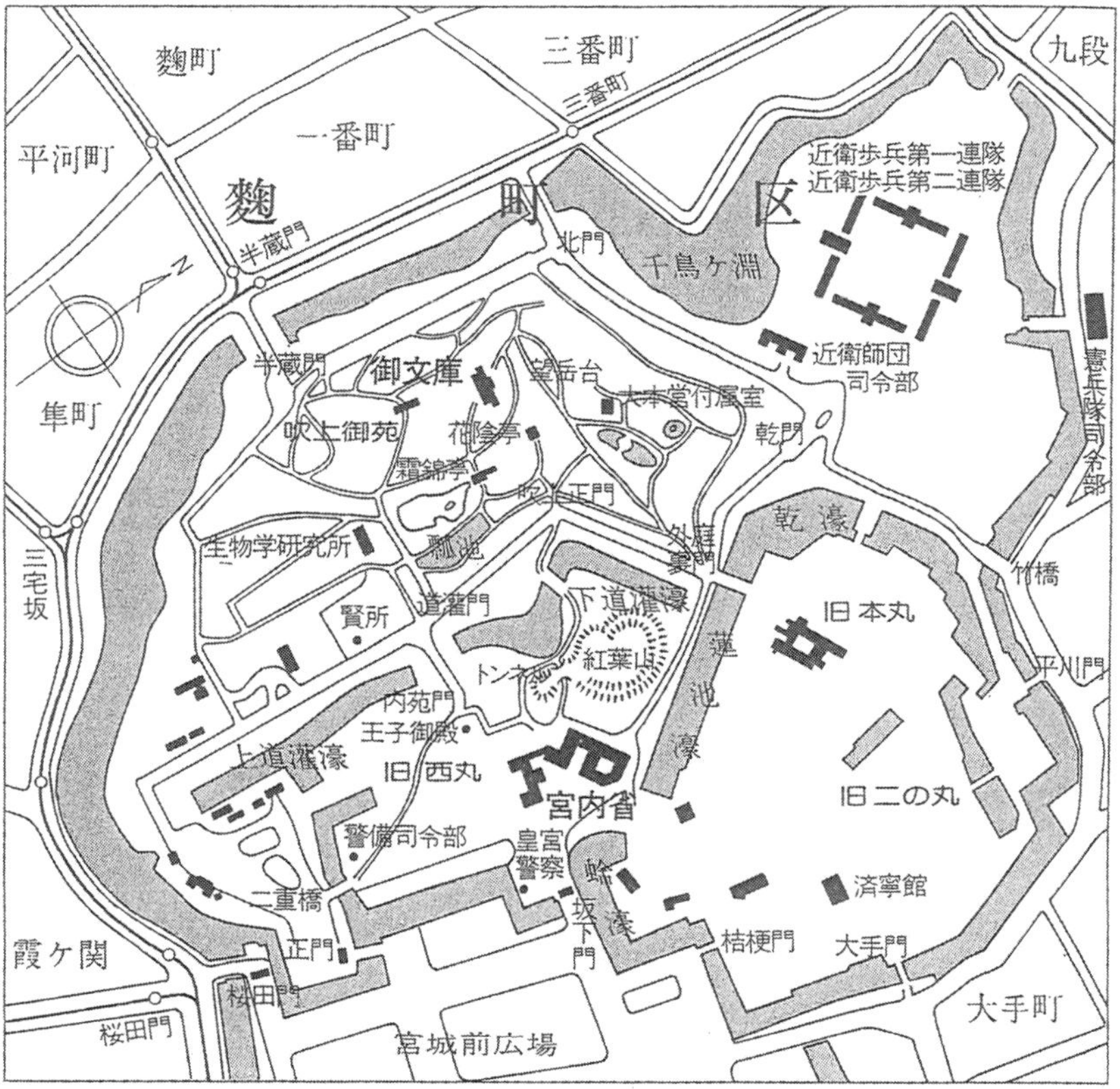

大本営附属室の位置（『日本のいちばん長い日』p.225より）

の三月までは、松戸の工兵学校の教官（第一中隊長）であったので、食堂では一緒だったと思う。私は四月からは、豊橋予備士官学校の教官（第七中隊長）に転勤した。（＊築城部は昭和一九年一二月に廃止されているので、浄法寺大佐が松戸の研究部長になられたのは昭和二〇年一月のことか）

十　「二五〇キロ」や「五〇〇キロ」ではなく、「一トン」爆弾に耐えられるようにということだった。

十一　現地の作業は一般部

八月九日の御前会議（画・白川一郎）（『日本のいちばん長い日』p.23 より）

八月十四日の御前会議（画・白川一郎）（『日本のいちばん長い日』p.48 より）

隊の兵が担当し、私は技術的な参謀役を務めた。赤羽からサイドカーで通った。一日に二交代・一六時間分を担当した。その他に通常の部隊の仕事があった。

十二　工事完了にともない、陛下からお下賜金を戴き、調理に渡し、お饅頭をつくってもらい、皆で食べた。金額は八〇〇名で五〇〇〇円であった。私にも別途木杯を戴いた。（以上、平成二五年九月にヒアリング）

『東部第十五部隊　独立工兵第二十一連隊　在隊の思い出集』

戊号演習について　　当時陸軍少尉　梶原美矢男

（前略）昭和一六年いよいよ日米の風雲急を告げようとする時、急ぎ宮城内に防空壕を構築することになりました。設計監督は陸軍築城本部、人員資材は東部軍が担当し、在京各部隊が出動して工事をしました。独工二一は軍直部隊としてその中核を占めました。これを戊号演習と称されました。乾門より出入りして吹上御苑の築山の一角に、一トンの爆弾に耐え得る大型の防空壕です。築山を掘削して地下通路のトンネルと、その中間よりコの字型の廊下に沿って大小数多の部屋を持つ防空壕です。其の中には終戦時に御前会議の開催された部屋もあり、空襲時に陛下が避難される通路も通じていました。単なる防空壕では無く、鉄筋コンクリートの塊を加工して宮殿を作って地下に埋設した様な設備です。防空壕の上部には砂利と砂を交互に何層にも積んで爆弾の衝撃を防ぐ工事をし、最終は元の築山に復元しました。一日延べ千台に及ぶ貨車と一直五百人の兵隊さんの三交替制の人海戦術で徹夜の突貫をしました。近くに外国大使館が在るので特に防諜に気を使い、トラックの積み荷は高さ二〇センチ以下に押えてシートを掛け、数人の兵を乗車さして何時も空車で走っている様に見せかけましたので沢山の車を必要としました。場所が宮城内なので警備や火災予防にも気を使い、度々巡察の役目も勤めました。陛下も度々乗馬でお出になり、築山より工事を御台覧遊ばされていました。或る時御台覧中にコンクリートを練るミキサのホッパが落ち、下で作業中の兵隊さんが何人か圧死しました、これこそ本当の馬前の討ち死にでしょう。トンネルからの二つの入口の扉は鉄製で金庫の扉を大きくした様な物で、横須賀海軍工廠で製造され、大きい方は重さ五トンもありました。これの運搬据え付けを我が部隊の鳶職経験者が見事にやってくれました。今の様に大型機械の無い時です、チエンブロックとウインチと丸太のみで見事な仕事ぶりでした、他部隊の将校に流石わ《（ママ）》工兵と褒められました。私は毎日朝七時に車で赤羽を部隊と共に出発し、八時より一六時間を現場勤務をしました、往復の時間や食事の時間を考えると本当に寝食を忘れての一ケ月でした。概略の工事が完成した頃、部隊に動員が下令され南方作戦の準備に入りましたので、完成を見届けることは出来ませんでした、完成後部隊に酒肴料五〇〇〇円と私には恩賜の木杯を夫々下賜されました。

ふと思います「夏草や兵どもの夢の跡」　（二五頁）

（＊父の没後、遺品にありました「赤羽奉賛会　平成十二年正月」からの文書です）

『降伏の御前会議』

明治宮殿焼失後、昭和天皇は吹上御苑内の「御文庫」に移った。空襲に備え、避難用に建てられたものので、地下（＊建物全体）が防空施設になっていた。天井や床、壁は砂を詰めた分厚いコンクリート製で、一トン爆弾にも耐えるとされた。

だが、住環境はひどかったようだ。天井や壁にはシミが目立ち、屋根にたまった水分が原因で天井が落ちる事故も発生。冬は寒く、夏は湿気で壁面を水滴が走った。香淳皇后の体調を悪化させたとも言われたが、ご夫婦は何ら不満を漏らさなかったという。

地下の防空壕では一九四五年八月、ポツダム宣言受諾を決めた御前会議が開かれた。同一五日未明

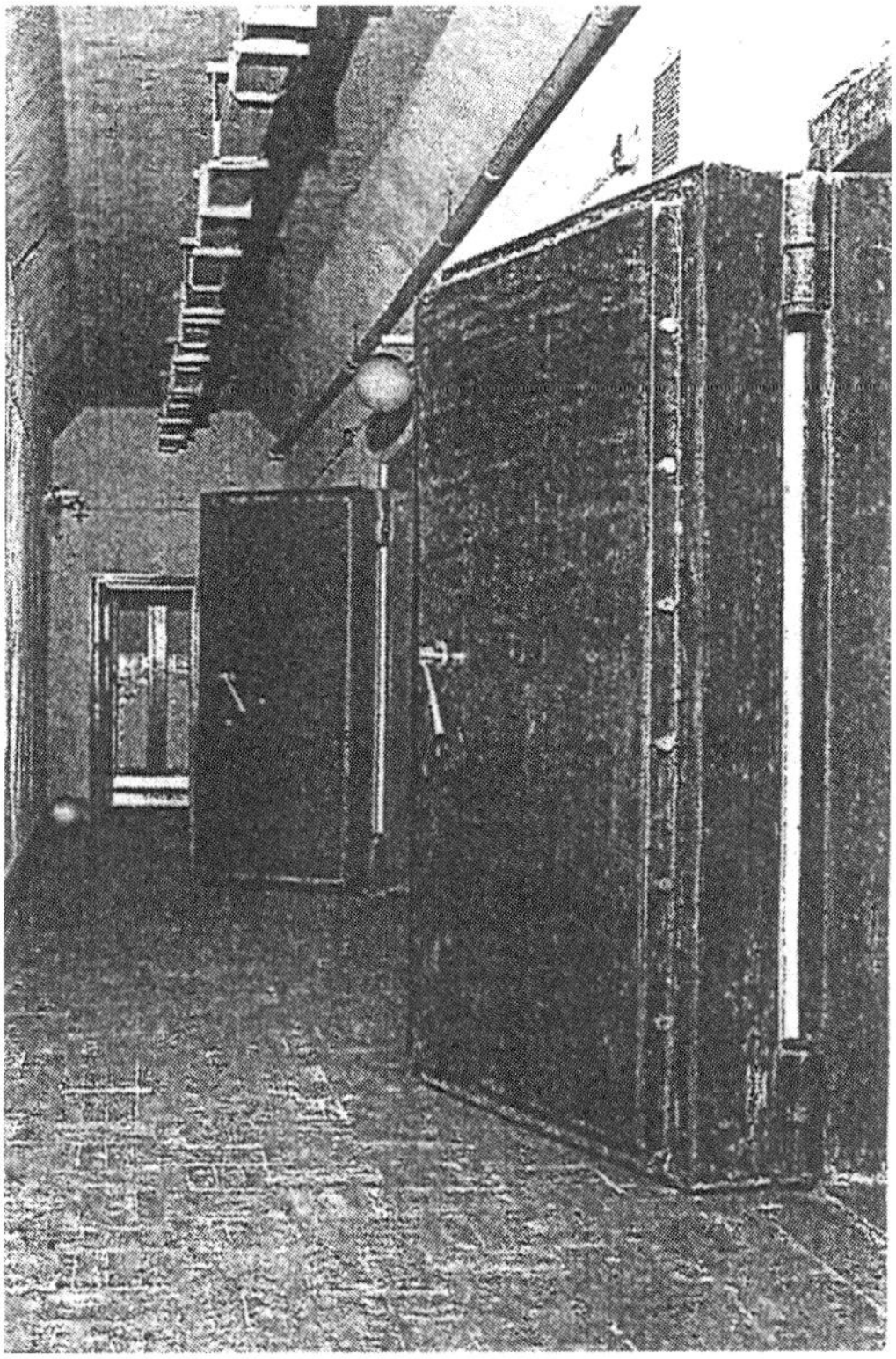

防空壕内の鉄製のドア。昭和天皇が出入りした＝ 1965 年、宮内庁提供（朝日新聞 2009（平成 21）年 1 月 1 日号より）

に昭和天皇の「玉音放送」を阻止しようと反乱兵が皇居に乱入、侍従らが天皇を守ろうと鉄扉を閉めて立てこもったことも。

ここでの生活は一九六一（昭和三六）年に御文庫隣に吹上御所（現・吹上大宮御所）が完成するまで続いた。その後は侍従の控え所などとなり、二〇〇〇年（平成一二）に香淳皇后が亡くなった後は無人になった。頑丈な建物を壊すには巨額の費用がかかるなどとして取り壊されず、かといって特段の保存措置も取られていない。防空壕の入口は木のさくでふさがれているが、タヌキやハクビシンが入り込む姿が見られたこともある。

（朝日新聞　二〇〇九年（平成二一年）一月一日号）

（＊この記事にある「防空壕」は、御文庫の地下ではなく、御文庫附属室のことです）

『小倉庫次侍従日記』

昭和十六年九月五日

御乗馬を願ひ、其の機会に吹上陸軍演習工事の戦時大本営の建設模様を天覧あらせらる。

（一四九〜一五〇頁）

『同　右』

昭和十六年九月二十四日

吹上の陸軍担当工事、近く完成の趣きなるも、この際見てやる要ありやとの御下問あり。

小倉の考としては、先般御覧ずみなるを以て、ご激励の意味の御出ましは、その要なかるべき旨申

上ぐ。（一五一頁）

『昭和天皇実録』

昭和十六年十月十二日

完成の大本営地下室を御覧

皇后と共に花陰亭にお成りになり、成子内親王・和子内親王・厚子内親王・貴子内親王と御昼餐を御会食になる。午後は御一緒に御苑内に建設された防空施設（大本営会議用の地下室として建設される）を御覧になり、さらに観瀑亭付近を御散策になる。（第八）

『入江相政日記』

昭和十六年十二月一日

雑草園、薬草園の場所の検分に行き、軍の文庫、御文庫を見てくる。（第一巻二七〇頁）

『昭和史の天皇』

あの歴史的な終戦の御前会議が行なわれたこの防空室の内部構造がどうなっているか、これは読者の興味もつきないだろうから、最初からこの設計と内装にあたっていた、浄法寺朝美技術大佐と高屋長武技術少佐を案内役として、われわれも中にはいってみよう。（＊架空の想像した文章上の表現）

もっとも吹上防空室はご用済みになってからも頑丈すぎてこわしようがなく、現在もカビ臭い真っ

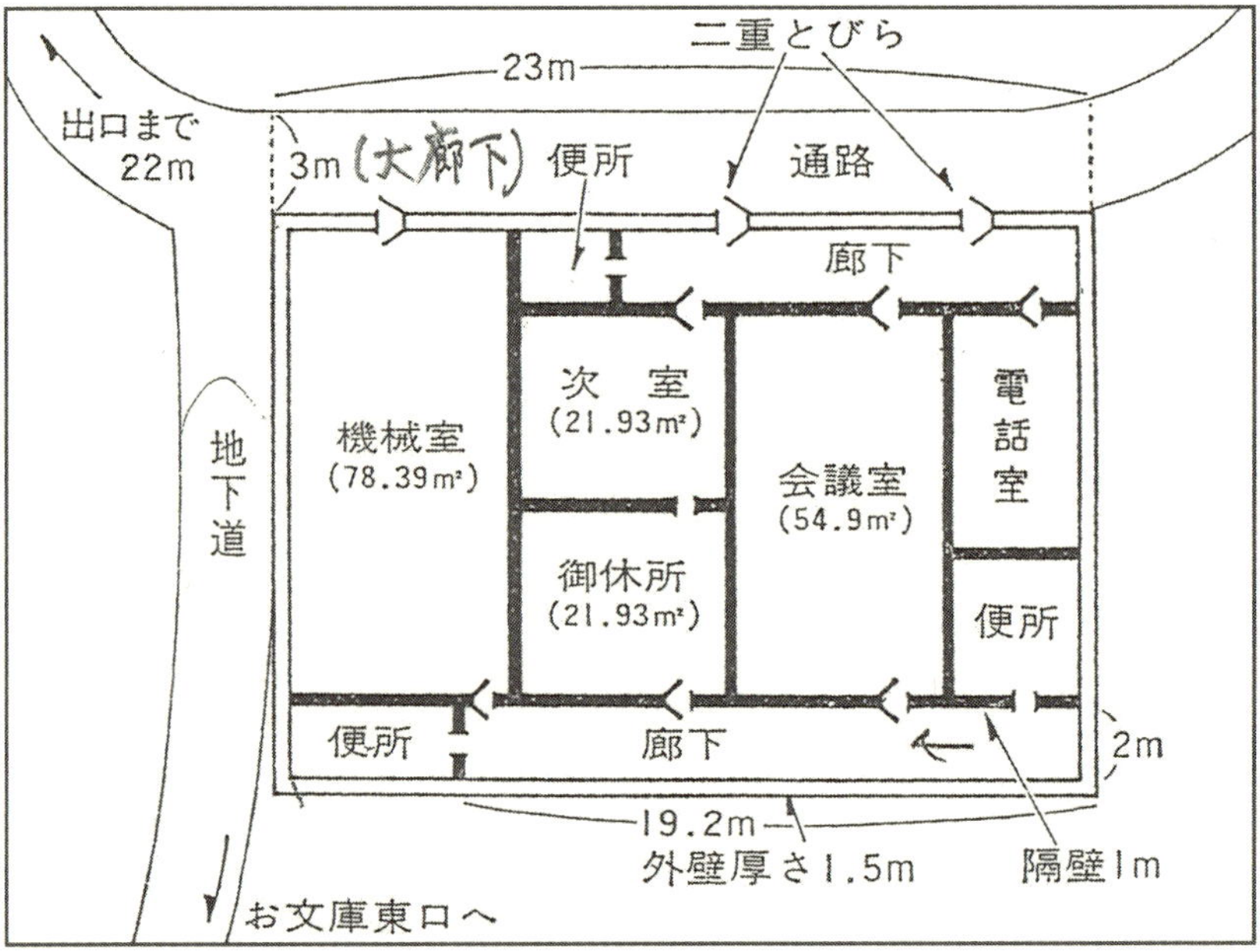

平面図（『昭和史の天皇』第四巻 p.397 より）（再）

暗な廃墟の洞窟然として御苑の一角に残っているが、ここに描くのは往時のそれであることをお断りしておいて、まず浄法寺氏の話を聞こう。

「最初に地主山の西側を歩くと、木立ちの間に両側が堤になった幅三メートルぐらいの小路に出る。この路はゆるい勾配で下って行くが、路にはアスファルトで赤黒く着色した玉じゃりが敷いてある。空からのカムフラージュのためだ。

この路をはいって行く。路は左へカーブしているからいきなり奥は見えないが、曲がり切ったあたりで前を見ると、まるでダムのように高さ七メートルぐらいのコンクリートの厚い壁が立ちふさがっている。壁の中央の下に頑丈な鉄ワクのついた木の扉がある。これが防空室へはいる最初の扉である。

押しあけて中へはいると、床も天井もコンクリートで固めた通路が、これも左へ（＊右の間違いか）カーブしながら奥の方へのびている。壁の両側には、適当な間隔をおいて球状のグローブ型のカサをかぶった電灯がついているので、足元はあぶなくないが、上下左右がコンクリートだから足音は驚くほど四方にこだましてはねかえってくる。

左（＊右の間違いか）へカーブしながらこのトンネルを約二十二メートル行くと、突き当たりにまた鉄ワクの木の扉がある。ところでその手前で右側に目をやると、そこにはもう一つの地下通路がぽっかり口をあけている。（中略）

これは高さ二メートル、幅一・五メートルぐらい、壁と床は板張りである。実をいうと、この地下通路はそのまま百四十メートルほどのびて、陛下のお住まいであるお文庫の東口に出るようになっているのだ。つまりこれは、陛下がお文庫から吹上防空室までを安全にお通りになれるように、十九年暮れから二十年春にかけて近衛の工兵隊が掘ったものだそうで、吹上防空室で行なわれたあの終戦の御前会議のとき、陛下がお通りになった通路なのである。

地下通路のことはこのくらいにして、突き当たりの扉をあけていよいよ中にはいることにする。この中がいわゆる吹上防空室なのである。

一歩はいると、そこは幅三メートル、高さ二・八メートル、約二十三メートルの長さの大廊下がまっすぐにのびている。大廊下はコンクリートの打ちっぱなしではなく、天井と壁は白セメントで化粧し、床も板張りになっている。大廊下の突き当たりにも扉があり、それをあけるとトンネルが続いて、地主山の東側に出るようになっている。しかし通り抜けてしまってはいけない。問題の吹上防空室はこの東西に走る大廊下の南側、つまり西側からはいってきて右側に当たるところにひろがっているからである。

まず大廊下の西の端に立って右側の壁を見ると、間をおいて頑丈な鉄の扉が三か所とりつけてある。もちろん扉の奥には部屋があるわけだ。この鉄の扉は緑色に塗ってあり、厚さ三十センチ、まるで銀行の金庫扉そっくりで、あけしめにはかなりの力がいるが、その一番手前の鉄扉をうんこらしょ、とあけてみる。あけるとその奥にもう一つ木の扉がついている。つまり二重扉だ。

この扉をあけしめした者がだれでも気づくことは、部屋を区切る壁が異様に厚いことだ。前にもいったように、防空室全体を囲むコンクリートの壁は厚さが一・五メートルだが、各部屋を仕切る隔壁も厚さが優に一メートルあった。この厚い壁は柱の役目も果たしており、壁にこの厚さがあったからこそ天井の上に乗せた八重の防護層の重圧にも耐え得たわけだ。

もう一つ気づくことは、この鉄の扉のそばにはアセチレンガスのボンベが置いてあることだろう。これは万が一、直撃弾を何発もうけたとすると、ただでさえ重い防護層の圧力に衝撃が加わって、鉄扉をささえる蝶つがいが曲がることもありうる。蝶つがいがこわれたら鉄扉はあかないから中にいるものが閉じこめられる。そんな万が一の場合に備え、そのときは鉄扉を焼き切って脱出するためにアセチレンのボンベを用意したというわけだ。

ところでわれわれは、いま大廊下の一番手前の二重扉をあけて中にはいったわけだが、ここには機械がいっぱい並んでいる。機械室である。この機械室が吹上防空室の心臓であり、ここがうまく働かないと防空室の中では長時間生活できない。（第四巻 三八七〜三九〇頁）

『同　右』

われわれは吹上防空室の大廊下から第一の重い鉄扉をあけて機械室にはいった。全部で五室あるこの防空室の中では、ここが一番広い部屋で間口六・〇三メートル、奥行き十三・〇二メートル、面積七十八・三九平方メートル（注＝これは戦後宮内庁が実測した数字、以下同様）。この中に発電機、空気清浄機などいろいろな機械が並んでいる。現在も、これらの機械類は持ち出せないまま赤さびて暗ヤミの中に眠っているが、そのときは全部が動いていた。これが完全に動かないと、この防空室は機能を停止し、中での生活は出来なかったからだ。（中略）

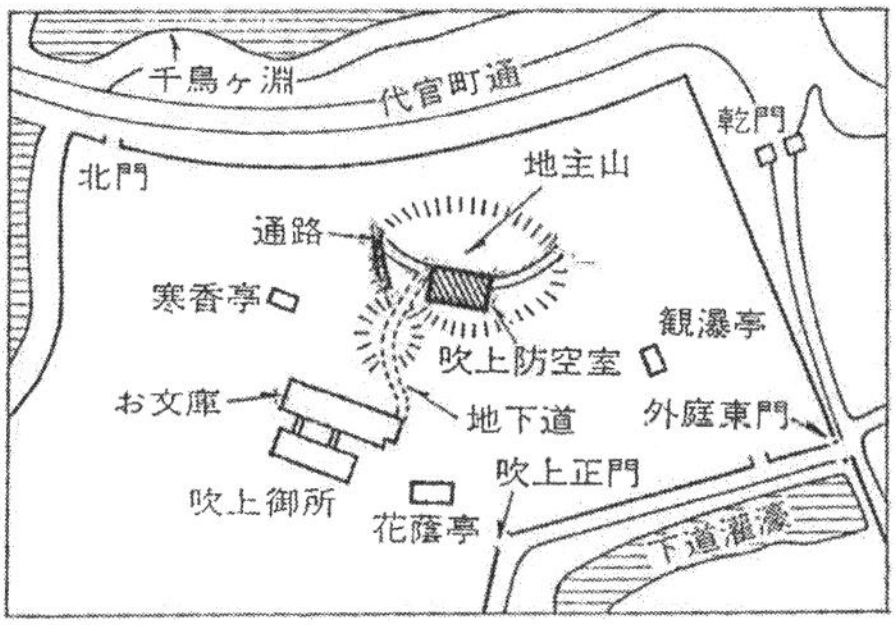

吹上御苑内のお文庫と吹上防空室の位置
（『昭和史の天皇』第四巻 p.388 より）

案内に立つ高屋長武技術少佐の話を聞こう。

「防空室は地中の密室だから、換気には一番意を払った。そして空気清浄を兼ねた冷暖房装置をとりつけたが、これも、ただのクーラーではなく、この装置から出てくる空気をコンプレッサーで圧縮し、人体に感じられない程度に気圧を高めにした。というのは、ガス弾を防空室周辺に落とされた場合、気圧を外界より少し高くしておけば、毒ガスの侵入を防げるという考慮からだった。

そして清浄化され、少し気圧の高くなった空気は、四角なダクトで各室に送られたが、壁にはめ込んで外から見えなくするというような、ていねいな工事をしている余裕がないので、ダクトは

廃墟と化した吹上防空室西側の入り口（玉じゃりの小路は雑草に覆われている）
（『昭和史の天皇』第四巻 p.389 より）

天井からぶら下げた。このため、ただでも低い天井が一層頭上に圧迫感を加える。そこで、陛下がおいでになる会議室だけは、壁にはめこむことにした。

　終戦を決定した御前会議の模様を描いた有名な絵（阪倉宣揚氏のもの）があるが、それには陛下がおすわりになっているうしろの壁の高いところに、四角い穴が描かれている。それがこれなんです。反対側の壁にも同じ通風口があるはずだ。（中略）

　このほか、もう一つ困ったのは、水だった。水は機械の冷却用にも、湯わかし所（＊場所は不明）や手洗い所にも必要だが、水道管までは引き込めなかったため、機械室の一隅に水槽を設けることにした。たしか一――二トンの水を入れた鉄製のもので、すごく重く、これを天井につるすのに力自慢の兵隊にやらせたが、どうしても持ち上げられない。こんな仕事はコツがあるんだろう。トビ職はどうだろうと思い、警視庁に頼み、東京中のトビ職の中から選抜してもらった。当時は労働力の統制管理は厚生省がやり、東京では、その実務を警視庁が受け持っていたからだ。何人ぐらいトビ職が来たか忘れたが、ともかく器用に天井にぶら下げてくれたのを覚えている。

水の話とも関係があるが、この防空室には水洗便所が三か所あり、その一つは、陛下の専用に予定されていたが、作業中に兵隊たちが、こっそりここをのぞきにくる。どうもぐあいが悪いので、防止用に〝手洗い所衛兵〟をつけることにした。まあ、これも当時の兵隊たちの気持ちを反映するこぼれ話の一つでしょう」

（第四巻　三九一〜三九五頁）

『同　右』

案内役の浄法寺朝美技術大佐の話を続けよう。

吹上防空室内の会議室
ここで八月十日と十四日の御前会議が行なわれた。
この写真は四十年夏撮影されたものである。
（『昭和史の天皇』第四巻 p.397 より）

「機械室からいったん大廊下に出て、二番目の重い鉄扉を押しあけ中にはいると、そこにまた小さな廊下がある。間取りは見取り図を見てもらった方が早わかりだが、この小廊下は幅二メートル、長さ十三・七メートル、床は寄せ木張りになっている。小廊下の両端（＊西端の誤記か）は手洗い所。

そのすぐそばの扉をはいると、南北二つの小部屋にわかれ、手前（北側）が次室、その奥（南側）が御休所となっている。この二つの部屋はともに二十一・九三平方メートル、正方形に近い部屋である―」

ここでちょっと案内の腰を折るようだが、侍従たちの話によると、あの八月十日と十四日の御前会議のときには、陛下はこの次室から御休所を通り抜けて、いったん南側の廊下に出られ、南廊下に面した二重扉から会議室へおはいりになったという。はいったところに玉座があったわけで、御前会議の模様を写した阪倉宣揚氏や白川一郎氏の絵にある、陛下の右うしろにある扉は、この南廊下のものである。

また、八月十五日の正午、終戦の詔勅が放送されたときは、陛下はこの御休所におられ、ご自分の放送に耳を傾けておられたということである。それはともかく、浄法寺氏の話にかえろう。

「さてこの会議室ですが、間口五・六六メートル、奥行き九・七メートル、面積は五十四・九平方メートルの広さがあり、吹上防空室の中でもこの部分は特別強固につくってあった。つまりここには厚さ一メートルのコンクリートの厚い壁兼柱の上に、コの字を下向きにし、上から押さえつけたような特殊鋼版がかぶせてあり、それがそのまま天井になっていた。もっとも鋼板がそのまま露出しているのは不体裁なので、白ペンキをぬって化粧はした。

床は寄せ木張りの上に真っ赤なジュウタンを敷き、壁はラワン材が張ってあった。装飾らしいものといえば、南北にある扉のところに、オレンジ色地に花模様を織り込んだカーテンをたらしただけだが、白い天井とニスをぬったラワンの壁と、真っ赤なジュウタンの床がよく調和し、なかなか重厚な感じで、とても地中の密室とは思えない雰囲気だった。

照明は高屋さんの説明にもあったように、爆撃のショックで電灯が落ちてきてもケガのないよう全部側面採光とし、片側に三個ずつ計六個の電球にグローブ型のカサを着せてとりつけたが、燭光はいくらだったか忘れたものの、非常に明るかったことを覚えている。また天井は中央部の一番高いところが三・五メートル、両翼の低いところで二・五メートルだつたが、頭を押さえつけられるという感じもなかった。

もっともここに机と椅子が置かれ、陛下を中心に、軍政の首脳部が居並んで終戦を決定したあの御前会議のときは、室内は重苦しいものだったろうとは想像出来るが、会議室そのものとしては、非常に明るく設計されていたのです」

ついでだが、昭和四十年夏、二十年間地中に眠り続けたこの吹上防空室が、はじめて報道陣に公開されたときのことも書き添えておこう。（＊新聞社の尽力か）

懐中電灯をたよりに、はいって行った宮内官と新聞記者が見たものはどうだったか。もちろん、机や椅子の調度類やジュータンもなく、天井の白ペンキははげて、ところどころ赤茶けたサビが、シミのように浮き出していたし、ラワンの壁は湿気にやられてか部分的にふくれたり、そり返ったりしていた。しかし、全体としてはくずれたような感じはどこにもなく、その頑丈なつくりは歳月を少しも感じさせなかった。

機械室には、そのまま眠っている機械と機械の間にクモの巣を発見し、全くの無生の世界ではないとみたが、懐中電灯を近づけてよくよく見ると、それらのクモの巣には、みな主はおらず、犠牲になったとおぼしき小虫のかげもみえないところから、一時ここに網を張ったクモでさえ逃げ出してしまったようである。（中略）

新聞記者たちは、最後に電話室にはいった。ここだけは〝破壊のあと〟が目立った。床板は何枚かはがされ、床の下に縦横に走る配線と、ころがったいくつかの旧式電話機があった。その一つに「四一八」と内線番号がしるされていた。何を意味した番号だろうか。（第四巻　三九六〜四〇〇頁）

『同　右』

この電話室を最初につくったのも、あの工事にあたって擬装や照明を担当した高屋技術少佐である。「電話は万が一の場合、外部と皇居を結ぶ唯一の綱でもあるので、会議室のすぐ隣に電話室を置いて配線などを担当しましたが、わたしたちが戊号演習（＊昭和一六年の第一期工事）のときにつくったものは有線で、それもダイヤルをまわすと、直接外部に通ずるというのではなく、宮内省の交換を経由するものだった。

しかし空襲その他で断線の場合は、防空室がつんぼになることをおそれ、一号演習のとき（＊昭和二〇年の第二期工事）無線を新設しようということになり、それは海軍が担当しました。たしか艦政本部の津村さんという人でした。」

その津村孝雄氏（当時、艦政本部第三部＝電気＝部員、海軍技術少佐）の話を聞こう。

「（前略）皇居の大防空壕（われわれはそう呼んでいた）に通信機材をとりつけるという話が軍令部からあり、わたしは上官の出浦完中佐と皇居へ下見に行った。補強工事は一段落していたようにも思う。条件として、当時、神奈川県日吉にあった大本営海軍部、つまり軍令部の通信室と無線連絡出来るもの、つぎはこれを取り扱うのは専門の通信兵でなく、侍従武官だから、トン・ツー式ではなく、会話で交信出来るもの、三つ目はもっとも機密性の高い通信となろうから、敵に傍受されてはいけないということとし、大臣訓令を出して、横須賀工廠の無線工場に製作を命じた。ここの工場長は、園田さんというベテランの技術大佐だったが、二週間ほどで、そのころわれわれが『二号無線電話機』と呼んでいたものをつくって吹上防空室に据えつけた。（中略）しろうとの侍従武官が操作をすることをおもんばかって、いちいちダイヤルをまわさなくてもいいように波長を固定し、スイッチを入れ真空管があたたまれば会話が出来るようにした。」（中略）

しかし実際には、吹上防空室と日吉の間の交信はついに一度も行なわれなかった。

（第四巻　四〇二～四〇三頁）

（＊八月一五日の宮城占拠事件の発生とその状況は、このルートにより、海軍侍従武官から日吉へ通報された）

『同　右』

それはさておき、この電話室は間口二・八メートル、奥行き五・八メートル、十六・二四平方メートルの広さの部屋だったが、二十年後に、そこにはいった新聞記者たちが見たものは、ところどころはがされた床の下に、コード別に赤、青、黒など色わけしたケーブルが縦横に走っている姿、そしてコンクリートを打ちっぱなしの壁に面し、電話交換用らしいパネルが破壊されたままになっている姿、いくつかの机の上に旧式の電話機が散乱している姿、この電話室だけが吹上防空室の中で一番荒廃した感じを与えていたのだった。

戊号と一号とを合わせて、この吹上防空室を築くために動員された兵力は、延べ二十五万五千人に達する。そのつわものたちの夢のあとは、もう永久に使われることはない。新聞記者たちが見たあと、破れた扉はハリガネでがっちりコンクリートの壁にしばりつけられてしまい、もうだれものぞいてみようとはしない。

擬装のために防空室の上に植えられたモチノキ、シロガシ、アカガシ、クロマツ、アカマツ、ハンノキ、コナラ、そんなのが年とともにおい茂って、すべてを包みかくしてしまいつつある。

（第四巻　四〇三～四〇四頁）

② 地下連絡通路工事（昭和二〇年）

御文庫附属室の第一期工事が完成（宮内省へ引渡し）したのは、昭和一六年九月末とされており、内装その他の工事も開戦前には完了していたものと思われます。御文庫は最終的には昭和一七年一二月完成であったため、完成時期が異なり、両所の地下連絡通路はありませんでした。また、所管が、宮内省と陸軍省に別れていたことも、微妙に影響したものと思われます。

諸資料によれば、岡部侍従が、その必要性に気付き、藤田侍従長に進言し、藤田侍従長がその実施に尽力されたようです。昭和二〇年四月から五月にかけて施工されました。

『ある侍従の回想記』　岡部長章

昭和十九年十一月ごろからは、B29による本土爆撃も始まりました。すでに昭和十七年四月のドゥリットル爆撃による体験から、私は、陛下の御身をお守りする必要性を強く感じました。それには、御文庫と大本営地下壕との間を連絡道でつながなければいけないという考えを、強く持つようになりました。（中略）

ドイツでは一〇トン爆弾がヒトラーのベルヒテス・ガルテン山荘に投下されたということがあって、急ぎ立案され、近衛師団の兵員をもって三交代、昼夜兼行の突貫工事によって、耐弾力を持つものが作られました。当時はこの程度のことも陸軍の侍従武官や宮内大臣・次官、総務局長、侍従職庶務課長が承知しているにとどまり、常侍官候所詰めの侍従はただ一〇トン弾対策という程度で、御文庫の方も屋上に砂利を積んで補強するということだけで、内部の詳細は知らされませんでした。ところが、

その両方をつなぐ連絡道がなかったのです。（中略）
それに、極秘であるというのは、宮内省でも常識となっていました。（中略）宮城にだけ大規模な防空壕が建設されていることが知れれば、たしかに大問題になります。秘密は守られなければならなかったのです。
（一五七～一五九頁）

『同　右』

藤田尚徳海軍大将が新しい侍従長に就任され、「御文庫とやらを、ひとつ拝見したいのですが……」といわれました。昭和十九年八月二十九日のことでした。（中略）それで御道通りというだらだら登りの砂利道を歩いてご案内しました。
門を入るとすぐに御文庫。先が築山で、その裏側は一五メートルほど下がっている。この下がっているところを掘り込んで、大本営の築城部が一〇トン爆弾（＊当時は五〇〇キロ爆弾）に耐える地下壕を作ったのです。（中略）
藤田侍従長を御文庫の入り口までご案内してきて、私がこれまで抱いていた思いを切り出してみました。
「大本営築城部が作った一〇トン弾（＊当時は五〇〇キロ爆弾）に耐える立派な防空壕がありますが、この吹上の御文庫からそこまで御料車でお出ましになると、少なくとも五分以上はかかります。せめて艦載機の銃撃に耐えるぐらいの地下道を作っておかねば、いざという時にお出ましを願えぬことも起こり得ます。地形から見ても、御文庫のこの入り口から、すぐ地下へ入る階段を作り、それからは緩い傾斜で大本営壕に連絡できます。しかしながら、今は鉄の資材が得られますまい。それでも、せめて赤松丸太の炭鉱の坑道のようにでもして、爆撃には耐えられるものができると思います」と説明しました。（中略）

数日後（＊作者の思い違いか。着工は昭和二〇年四月、竣工は昭和二〇年五月）には、地下道を作る工事が始まりました。私が藤田さんに提案した通りの場所から地下に下り、炭鉱の坑道のとおりそれは作られました。

私がプランしたこの地下道をお使い願ったのが、昭和二十年八月七日の夜中と、八月十日前後のポツダム宣言受諾を決めた二度の御前会議のときです。終戦最後の幕切れの大切な時に、三度、それはお役に立ったのです。今も藤田尚徳侍従長のことは、本当によい方が、ああした時に新任されたものだと思い返されます。

（一六二～一六六頁）

『侍従長の回想』　藤田尚徳

御文庫と侍避所の間の往来を安全にするために、地下道を掘って連結する案がでて、その工事着手のお許しを願った時も、陛下は説明を聞いて、「ウン、ウン」とおっしゃるばかりで、なかなかお許しがない。そこで私から催促すると、「それでは聞くが、大宮御所には地下道を造ったか。宮中三殿、賢所はどうなっているか」（中略）そこで私から「大宮御所のは、すでに完成しています。賢所の御神体も地下壕にお移し申して安全でございます」と申上げ、さらに語をついで、陛下が危険なところを往来されて、万一のことがあれば日本の運命にかかわる、と申し上げると、ようやくお許しになった。

「そうか、わかった。工事を進めてよろしい」陛下のご性格がよくでている話である。

（一七〜一八頁）

『人間昭和天皇』　高橋紘

昭和二十年（一九四五）五月、御文庫の玄関脇と地下室を結ぶ長さ九〇メートル、高さ二メートル、通路は「二人並んで歩くのがやっと」（永積）の広さの地下道が完成した。私が入ったときは裸電球がぶら下がり、急拵えのせいかあちこちで滴がしたたり落ち、床はむき出しのままで歩幅に合わせて段状に横木が打ちつけてあった。両側には溝があり地下水がチョロチョロ流れていた。降りきったところが会議室。大本営メンバーは外から入る。

（上　四七一頁）

『徳川義寛終戦日記』

昭和二十年三月三日

午前中御文庫近くの壕の下検分、月曜日に地鎮祭の予定

（一六九頁）

『同　右』

昭和二十年四月三日

昨日より、御文庫と陸軍壕（御文庫附属室）の間の隧道堀りが、軍隊が入って昼夜兼行始まる。

『同　右』

昭和二十年五月二十日

地下隧道完成につき、両陛下御覧

（一八五頁）

『入江相政日記』

昭和二十年五月二十日

吹上の連絡道を両陛下で御覧になる。

同書の注解　「御文庫と大本営防空壕（附属室ともいう）との往来の安全を期するため急ぎ掘られた連絡地下道のこと。

（二一一頁）

（第一巻　四二五頁）

『侍従長の遺言』徳川義寛

この四月（＊昭和二十年）には、御文庫と附属防空室を結ぶトンネルを造り始めました。四月三日の私の日記のおしまいのほうに「昨日より御文庫と陸軍の壕（附属室）のトンネルが昼夜兼行で始まる」とあります。このトンネルは、観瀑亭の先の附属室から望岳台の下を通って御文庫の東口の建物内に出る。百メートルほどありました。終戦の御前会議の後、吉積正雄陸軍軍務局長が鈴木貫太郎総理に詰め寄ろうとしたのを私が見たのは、この出口のところです。

空襲が激しくなるにつれ、この附属室の上に土を盛って補強したのですが、戦後はこの上にコスモスがきれいに咲くようになりました。

（七一〜七二頁）

『昭和天皇実録』

昭和二十年五月二十日

御文庫附属室の隧道完成

今般御文庫と御文庫附属室との間に連絡用の地下隧道完成につき、この日午前九時四十分、皇后と共に同隧道を御覧になり、内匠頭岡本愛祐より説明をお聞きになる。十時入御される。

（第九）

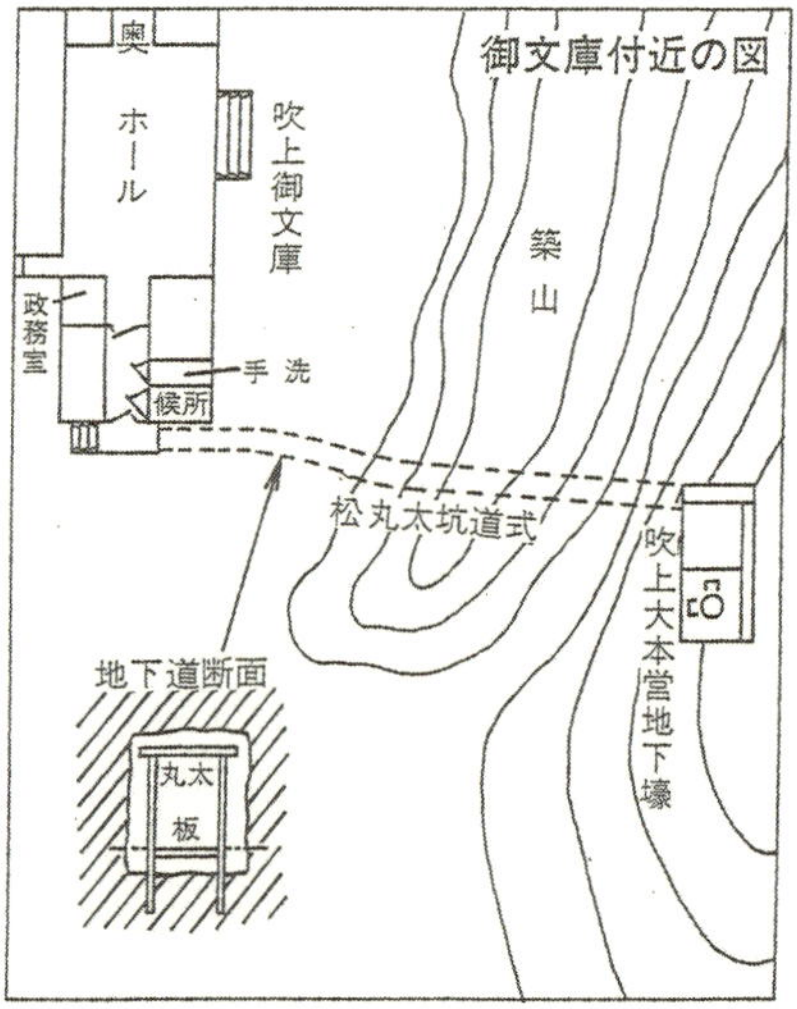

御文庫付近の図（『ある侍従の回想記』岡部長章　p.165 より）

『終戦史録』

吹上御苑の大奥、六日以前に親しく咫尺して二時間にわたり単独拝謁したる生々しい思い出の御所、といっても見るからささやかなる建物の玄関先に近く防空壕の入り口がある。降りて隧道はかなり長い、ややありて右に折れ会議室に入る。（後略）

（5外務省編　五二頁より　下村海南著『終戦秘史』一一八頁以下）

③ 第二期工事（昭和二〇年）一号演習

昭和天皇は、本土決戦を主張する陸軍の、松代大本営（本土決戦に備えて長野県松代に工事中であった大本営用の大地下壕。朝鮮人労働者も投入され、多くの犠牲者を出した）への動座要請を峻拒されました。また昭和二〇年五月のドイツ降伏の直前に、ヒットラーの山荘が米軍により一〇トン爆弾で空襲されたことが分かり、天皇を標的とした空襲が憂慮されました。そこで阿南陸相は大本営附属室を一〇トン爆弾に耐えられるよう補強工事を実施することにしました。

昭和二〇年六月から七月にかけて、米軍の空襲下で実施されました。完成し宮内省に引き渡されたのは、七月三一日でした。八月の御前会議、終戦へのご聖断はここで行なわれました。朝日新聞の昭和二〇年四月二七日付記事によると、ヒットラーの山荘襲撃は英空軍の六トン爆弾と報じられています。

『戦史叢書　大本営陸軍部（一〇）』

皇居の防空強化対策　空襲の激化に伴い、皇居内防空壕の耐弾抗力強化が検討された。陸軍省軍事課・宮内省警衛局・武官府等の間で現地視察、研究が続けられ、まず六月六日から吹上防空室が、耐弾強度六屯（真上）の計画で七月末完成を目標に工事が開始された。（二一〇頁）

『戦史叢書　本土決戦準備（一）』

宮城の耐弾工事　空襲激化に伴い宮城の耐弾設備の強化が図られた。二十年六月二日、第十二方面軍司令官は、陸軍工兵学校職員（三三名）、第三十六軍で編成した輸送隊（自動貨車約一二〇両）、その他自動貨車約五〇両などを近衛第一師団長の指揮下に入れて、同師団長に耐弾工事（直撃六トン、其の他一〇トン耐弾——一号演習と称す）を命じた。（十二方作命丙第一九号）

右の工事は七月二十九日に完了した。

宮城の耐弾工事のほか、近衛第一師団長は、七月二十八日に宮内省関係の日光湯元の地下洞窟新設、八月三日には宮内省委託の軽井澤借り上げ御用邸の地下洞窟の構築を命ぜられた。（四八七頁）

『昭和史の天皇』

当時、皇居のなかで何が行なわれていたか、一口でいえば〝一号演習〟と呼ばれた強固無比な防空室づくりが、終戦まぎわまで続けられていたのだった。軍は、長野県松代の山中に長大な地下要塞を築き、そこに、天皇ご一家と軍の指揮中枢である大本営を移し、最後の一兵に至るまで徹底抗戦を続ける体制を整えていた。ところが軍の思惑とは違って、陛下ご自身は、松代ご動座の事を一向に受け入れられない。（中略）

ここで困ったのは軍である。旧憲法下では、天皇あっての日本帝国であり、帝国軍隊である。陛下のお身に万一の事があっては、すべてがおしまいになる。もっとも宮内省は、両陛下のお住まいとして吹上御苑に防空建築としてのお文庫をつくり、軍は、さらに開戦前には東条陸相みずから陣頭に立って、そのお文庫から直線で約百メートルの距離に、築城本部をして、当時としては最高の強度、少なくとも五百キロ爆弾に耐えうる防空室もつくってあった。

しかし戦局が進んでくると、敵の使用する爆弾がB29の開発、就役とともに次第に大きくなり、一トン爆弾から五トン爆弾というものさえあらわれてきた。（中略）

ところが、注意深くその情報を見ているうちに、軍の技術陣が目をむいたのは、ドイツ敗戦寸前の五月早々、ヒトラーの山荘ベルヒテスガーデンにアメリカ空軍がついに十トン爆弾を投下したというニュースだった。当時東京で最強といわれた吹上御苑の防空室の耐爆強度は五百キロだから、これはその二十倍の威力を持つ。もしこんなものを東京に運ばれて皇居がねらわれたらひとたまりもない。

（中略）

こうして阿南陸相は、十トン爆弾の情報を聞くと同時に、吹上防空室の補強を決意したようである。（中略）そして結局、この補強工事は近衛第一師団に下命されることになったのである。（中略）（＊森赳）師団長は〝一号演習〟と名づけられたこの工事の陣頭指揮に当たった。

当時、宮内省の内匠頭兼警衛局長であり、その面の責任者の立場にあった岡本愛祐氏もこう語る。

「立場上、わたしのところへ軍の人がよく来ていたせいか、アメリカの十トン爆弾の話はわたしも聞いて驚き、宮内大臣だった松平恒雄さんに話し、どうしても吹上附属室（防空室）の補強はしておかねばならないということになり、蓮沼侍従武官長にわたしから、その旨申し入れたと記憶している。わたしは、陛下が皇太子殿下のころ東宮侍従をしており、そのとき蓮沼君は東宮武官をしていた関係で、特にじっこんにしていたが、蓮沼君はすぐ陸軍省か参謀本部に、宮内省の意向として伝えてくれたのか、五月十七日だったと思うが、陸軍省から軍事課長の荒尾興功大佐がやって来て、一緒に吹上附属室を見て回り、これではいかん、強化しようということになったのだ」

これを裏付けて、当時の陸軍侍従武官尾形健一大佐の日記、五月十六、十七日付にはつぎのようにある。

「十六日、水、曇り、小雨のち晴　吹上防空室強化案を警衛局長より武官長に説明す。お文庫は補強するも二トン半爆弾に対する耐爆効力を有せしむるに過ぎず。よって吹上防空室を六トンに耐え得る如く、周囲を十五メートル半、上部三・五メートルの鉄筋コンクリートにて覆わんとする。相当の工事にして二十万人の作業量なりー」

その翌十七日付けには、「軍事課長ら来たりて、警衛局長と共に吹上防空室を実視し、これが強化案の基礎を得」とある。（中略）

また尾形日記は、六トン爆弾に耐え得る如くとあるが、ほんとうは十トン爆弾が目標だから工事はもっと大きくなる。再び溝口参謀（近衛第一師団参謀）の話にかえる。

「なにしろ当時は物も人もない。結局、無傷の近衛第一師団がこの仕事を担当するほかなかったわけだが、わたしはこれこそ禁闕《きんけつ》守衛の大作戦の一つと考えて対処することにした。（中略）

当時の近衛第一師団の兵力は近歩第一、二、六、七の歩兵四個連隊と工兵、騎兵、砲兵の各一個連隊、計七個連隊（ほかに高射機関銃大隊が一つ）あったが、天皇、皇后両陛下のいらっしゃる皇居と、皇太后陛下のおられる赤坂の大宮御所にそれぞれ一個大隊が交代で守衛に当たっていたし、このころ、皇太子殿下は日光田母沢御用邸、義宮さまは日光御用邸、孝宮、順宮、清宮の各宮さまは塩原の疎開先に行っておられたので、そこへも兵力を出していた。さらにこのあと、皇太后陛下は八月に軽井沢へ行かれる予定になったので、あらかじめ兵力を出し、防空壕づくりなどをやらせることにもなるのだ。

そのほか、東京におられる皇族方もお守りしなければならない。手いっぱいだった。そこでやむなく新たに二千人の臨時動員を五月末から六月はじめにかけて行なったのだ。つまり、一つの作戦だったー」

（第四巻　三一八〜三二五頁）

『朝日新聞縮刷版』

【ストックホルム二十五日発同盟】ロンドン来電　米第八航空隊のB24二百五十機以上より成る大編隊は、ベルヒテスガーデン周辺の鉄道目標物を攻撃（中略）それに呼応して英空軍三百五十機のランカスター重爆編隊は午前九時より十時にかけ二回に亘りベルヒテスガーデンに六トン爆弾を集中したといはれる、ヒットラー総統は現在ベルリンにありベルリンでの重傷説まで中立国筋で眞しやかに伝えられてゐるにも拘らず、英空軍はあくまで総統がベルヒテスガーデンの山荘或は付近の山岳要塞にゐると信じてゐるもののごとく英空軍省二十五日の発表は「爆撃に際して撮影した寫眞によれば総統山荘並びに親衛隊兵舎に多数命中弾が認められる」と述べてゐる。

（昭和二〇年四月二七日付）

『昭和史の天皇』

肝心の技術者捜しに溝口主任参謀は困った。というのは当時、こういう仕事を専門にやっていた築城本部がすでに解散になっていたからである。ところがいろいろ捜した結果、うまいことに、この吹上防空室を最初につくった浄法寺朝美という技術大佐が、松戸の陸軍工兵学校の研究部長として身近にいることがわかったので、陸軍省に話をしてこの人をかり出すことにしたのだった。

浄法寺朝美氏の話を聞こう。

「最初の吹上防空室は〝戊号演習〟と呼び、開戦に備え東条陸相命令で十六年の七月から十月にかけて、築城本部が当時延べ十三万五千人の兵力を動員してつくったのだが、戦局が緊迫してくると築城本部の技術将校や技術者は南方各地の前線へ派遣されて、現地で要塞や陣地構築にしたがい、そのまま玉砕したものもあるし、さらにもっと急迫してからは、本土決戦のため沿岸陣地の構築にかり出され、技術屋がいなくなり、結局、解散ということになってしまった。（中略）その残党が松戸にあった工兵学校の研究部にあつめられていた。総勢わずか三十六人。（中略）ともかく五月下旬と覚えているが、陸軍大臣からお呼びの電話があって市ヶ谷台上に行ったら、阿南さんが「これからすぐ皇居へ同行してくれ」という。

そのあと、足かけ五年前にわれわれの築城本部がつくった防空室を見てまわったが、阿南さんは「いま敵が持っている五トン爆弾がかりに二発、この防空室の同地点に落ちても大丈夫なような頑丈な補強をほどこしてもらいたい。またこの計画は緊急を要するから、一週間以内に設計図を持ってきてくれ」そういってから、いつものあの温顔をきびしくして「天皇陛下は最後まで宮城におとどまりになるご決心である。だから設計は念には念を入れ、絶対安全なものをつくらねばならぬのだ」といわれた。（中略）

近衛第一師団の一号演習は、陛下がなんとしても、松代に構築中の地下大本営へのご動座をお許しにならない。だから皇居内の防空室を補強してお守りする。いまからいえば一つの〝工事〟にすぎない、ということになるが、工事でなく〃作戦〃だったのは、それが敵前で遂行されたからである。B29が頭上に現れない日とてない。そして東京の焼け野原は日一日その範囲を拡大して行く。そんななかで、もっとも目につきやすい皇居内で大工事をやるとなると、たちまち敵の目にとまって攻撃をうけるかもしれない。この工事が集中的に敵の攻撃を受けることになると、何もかもおしまいなのである。だから実施の責任者となった近衛第一師団長森赳中将の苦悩は特に深かった。（中略）

一号演習の計画を立てたわたし（＊溝口近衛第一師団参謀）たち自身にしても、成功、不成功の比率を半々とみていた。それもしいていえば工事途中、敵機に発見されてめちゃめちゃにされ、失敗する公算の方が大きかったからだ。当時の東京は完全にB29の蹂躙にまかせきり、有効な防空の手段は皆無だったからだ。

翌々（六月）五日午前九時から、吹上御苑のテニスコートのそばで、地鎮祭が行なわれたという記録はあるが、なにしろ空襲下だからごくうちうちに行なわれたようである。

当時の専属副官川崎嘉信大尉の話

「師団長が一日も欠かさず毎晩、吹上の工事現場を視察、激励して歩かれたのはほんとうなんです。（中略）司令部と通り一つへだてた皇居のコンクリートの塀の破れ目――これは資材運搬のため二か所こわしてあった一を通って吹上御苑にはいって行かれるのが慣例だった。（中略）しかもこの夜の視察は決まって週二回ぐらい、司令部二階の居室には帰らず、そのまま吹上の工事場のテントのなかで泊り込み、夜が明けるともう一度工事場をまわって司令部へ帰られるというぐあいだった。

（第四巻　三二六〜三三五頁）

『同　右』

一号演習と名づけられたこの工事の概略を一口にいえば、吹上御苑の、両陛下のお住まいだったお文庫から、直線で約百メートルの距離につくられていた防空室（附属室とも呼ばれた）を補強することである。

具体的にいえば地上約十・八メートル、一種の人工の山になっているこの防空室の頂上に、擬装のため植えてあった木をとりはらい、土をたたき固めた上に頑丈に組んだ鉄筋と鉄道のレールをかぶせ、その上にコンクリートを厚く打ち込み、さらに土をかぶせるということだ。（中略）かつて開戦を予想してこの防空室がつくられたときは、最強の爆弾を二百五十キロと推定して、その直撃が二発同地点に落ちても耐えられる強度、つまり五百キロの対爆強度にしてあったが、こんどのはその二十倍の十トン爆弾に耐えうるものに補強するわけだから、工事そのものは簡単でも規模は大きなものにならざるを得ない。（中略）

こんどの工事は日課のようにB29がやってくるから、上から丸見えになる。どうしてこの工事現場一帯を目立たないようにするか、関係者が一番頭を痛めたのはこのことだった。

（第四巻　三四〇～三四一頁）

『同　右』

高屋長武技術少佐氏の話を聞こう。

「わたしはこの一号演習で工事場の擬装と照明などを担当した。自分で擬装の条件を出してみたが、まずこの擬装は敵に気づかれないため非常に短期間、つまり一、二日で完了しなければならないこと、つぎは悪天候になってもくずれないようにすること、高度五百ないし千メートルの低空からでもわからないようにすること、などが不可欠の条件だと判断した。」

（第四巻　三四二頁）

『同　右』

こうして静かだった皇居は一大喧騒のるつぼと化し、吹上防空室の敵前補強工事ははじまった。（中略）当時の設計図や資料は終戦と同時に焼却され、宮内庁にも軍関係にもなにも残っていない。だが、この防空室が最初につくられたときから参画し、そしてこの補強工事のときは技術面の責任者の地位にいた浄法寺朝美技術大佐の記憶の引き出しには鮮明に残っている。浄法寺氏の話。

「最初に吹上御苑に防空室をつくったのは、日米開戦を予測した東条陸相が、当時では最強とされた二百五十キロ爆弾に耐えられる大本営の会議室を用意しておこうというのでつくられたわけだ。大本営の重要な会議は、陛下がご臨席になるので、陛下のそばに置かねばならないということから、その場所として吹上御苑をお借りしたという形になっている。つまりはじめは、両陛下のご避難所が目的ではなかった。

空襲下の、両陛下のお住まいとして宮内省が用意したお文庫は、それ自体が防空建築だし、二百五十キロ爆弾ぐらいには十分耐えられたのだ。だから戊号演習と呼んで開戦前につくられた防空室は、基礎面積（利用面積）約三百三十平方メートル、南北が約十八メートル、東西が約二十三メートルの矩形をしたかなり大規模なものだった。
だが、一号演習でこれを補強したときは、事情が一変している。こんどははっきり、両陛下のご避難所としての目的も兼ねて補強されたのだ。それは当時、軍が松代につくっていた地下大本営へのご動座を、陛下がお許しにならない。その上、連合軍がドイツに対して使い出した爆弾が五トンとか十トンとかだんだん大型になり、さらにドイツ敗戦後は例のV1とかV2のロケット砲を分取った連合軍が、それを東京に使う公算もある。だから、陛下をお守りするのは、吹上防空室を強化する以外にないということになったわけだ。
わたしは阿南陸相に直接いわれてその設計にかかった。はじめは十トン爆弾ということだったが、まだ心配だったので十二トン爆弾にも耐えられるということを目標にした。(中略)
吹上防空室の場合も、この一番こわい徹甲爆弾にそなえて設計したのだ。いいかえれば、徹甲爆弾は貫通力が大きいが、横への爆発力は弱いという性質を逆に利用して、防空室の表層部に起爆層を設け、そこで爆発させ、中まで入って来ないようにしたのだった。(中略)
まず戊号演習でつくった一番上の土層のカムフラージュ用の草木を取り払い、この土層をタコでつき固め、三・五メートルの厚さにまで圧縮する。するとこの層がクッションにもなる。そしてその上に鉄筋を千鳥に組んだのを二層置いて、これにコンクリートをすき間なく流し込む。その上にコンクリートだけで二・一メートルの層をつくる。
さらにその上に鉄道のレールをぎっしり敷きつめた。レールはご承知の通り下の一線が少し長い〝工〟の字型だから、このすき間にはコンクリートを流し込んで埋める。しかもこのレールは一層ではなく、十文字にもう一層同じものを置いたのだ。レールを二層に重ねると約五〇センチの厚さになる。これが起爆層だ。そしてその上に厚さ一メートルの土層を置き、そこに草木を植えて偽装としたわけだ。（中略）

戊号演習でつくったときは、この防空室は地表から頂上までが十・八メートルの小山だったが、一号演習では十四・三メートルの高さになったわけで、これは御苑の地主山の一角に食い込んでいるから、上空からみれば地主山の尾根つづきに新しい小山が出来たような格好になったわけだ」こう聞いただけでもゾッとするほど頑丈なものと想像がつく。おそらく原爆をうけても大丈夫だったろう。

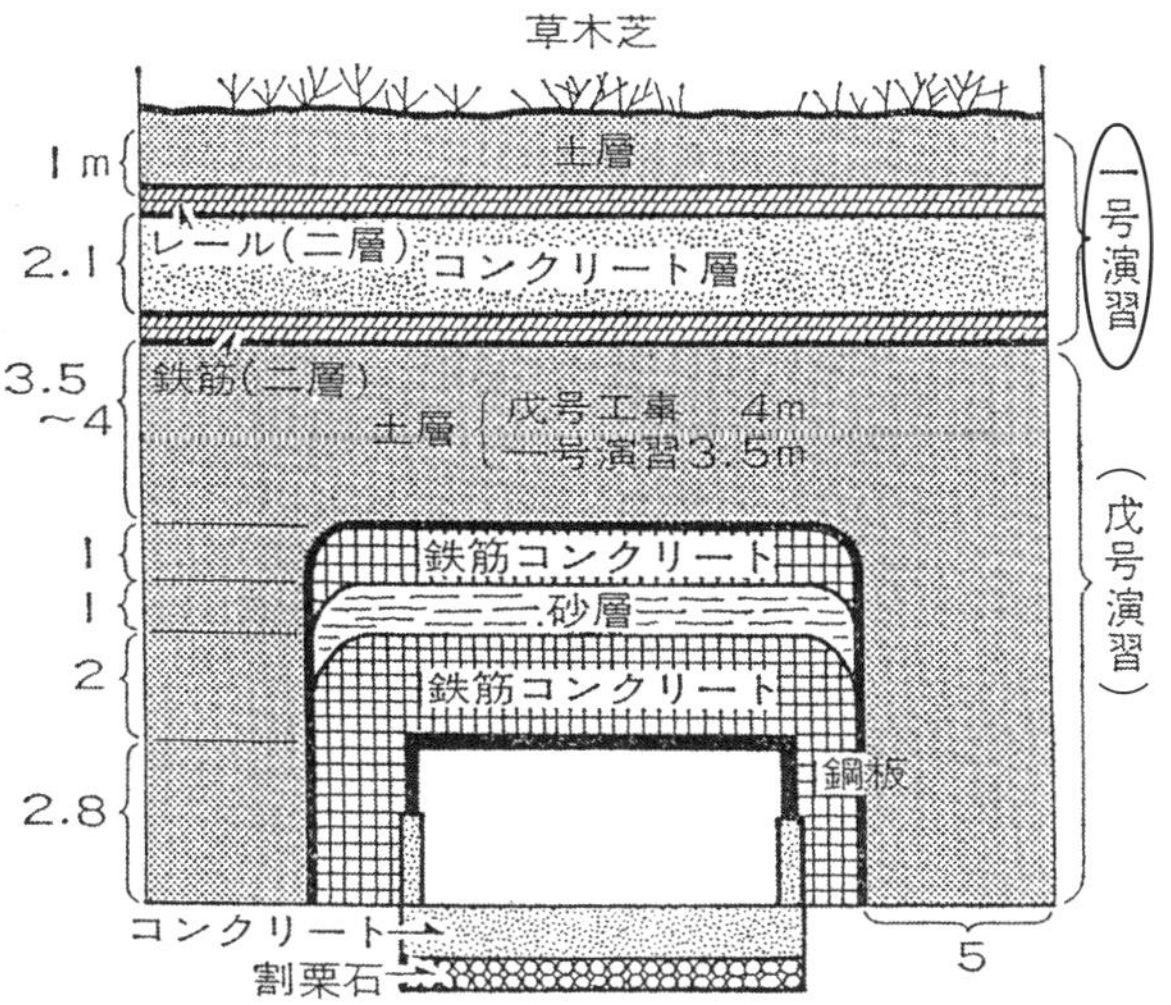

（再掲）吹上防空室防護層断面図（『昭和史の天皇』第四巻　p.349より）（＊昭和20年は一号演習部分のみ）

こういう仕組みであったから、近衛の営庭に生コン製造基地がつくられ、そこからトロッコの線路が吹上防空室の頭上に組まれた足場の上まで敷かれ、その上をすっぽり覆う擬装網の天井が張りめぐらされ－つまり「経始」作業がすっかり出来上がって、いざ本工事の着手というのは、いままでの防空室の頂上に植えられていた擬装用の草木を引っこ抜くことからはじまったわけだ」。

（第四巻　三四七～三五〇頁）

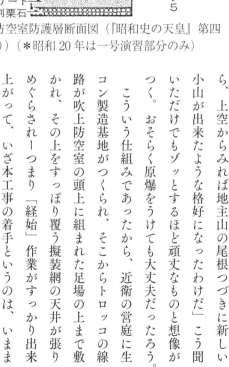

これは浄法寺技術大佐と近衛工兵乙種幹部候補生・二等兵中沢雄一氏の記憶でまとめた。

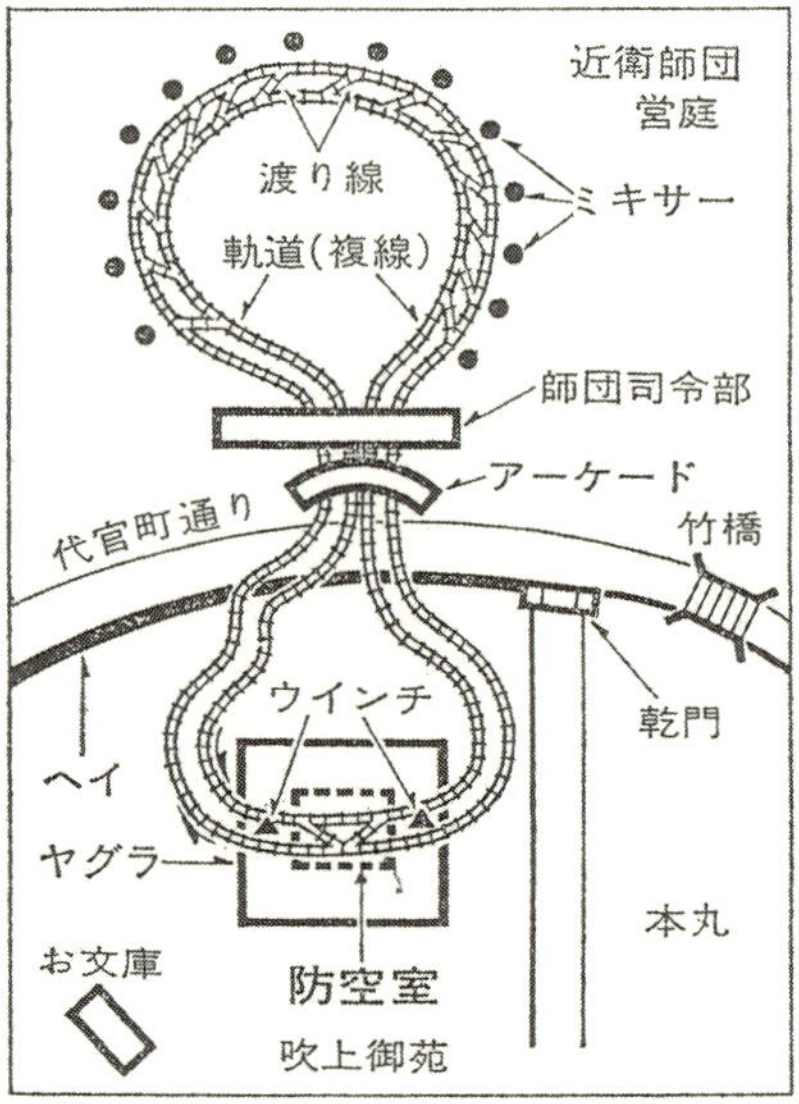

1号演習作業場（『昭和史の天皇』第四巻 p.351より）

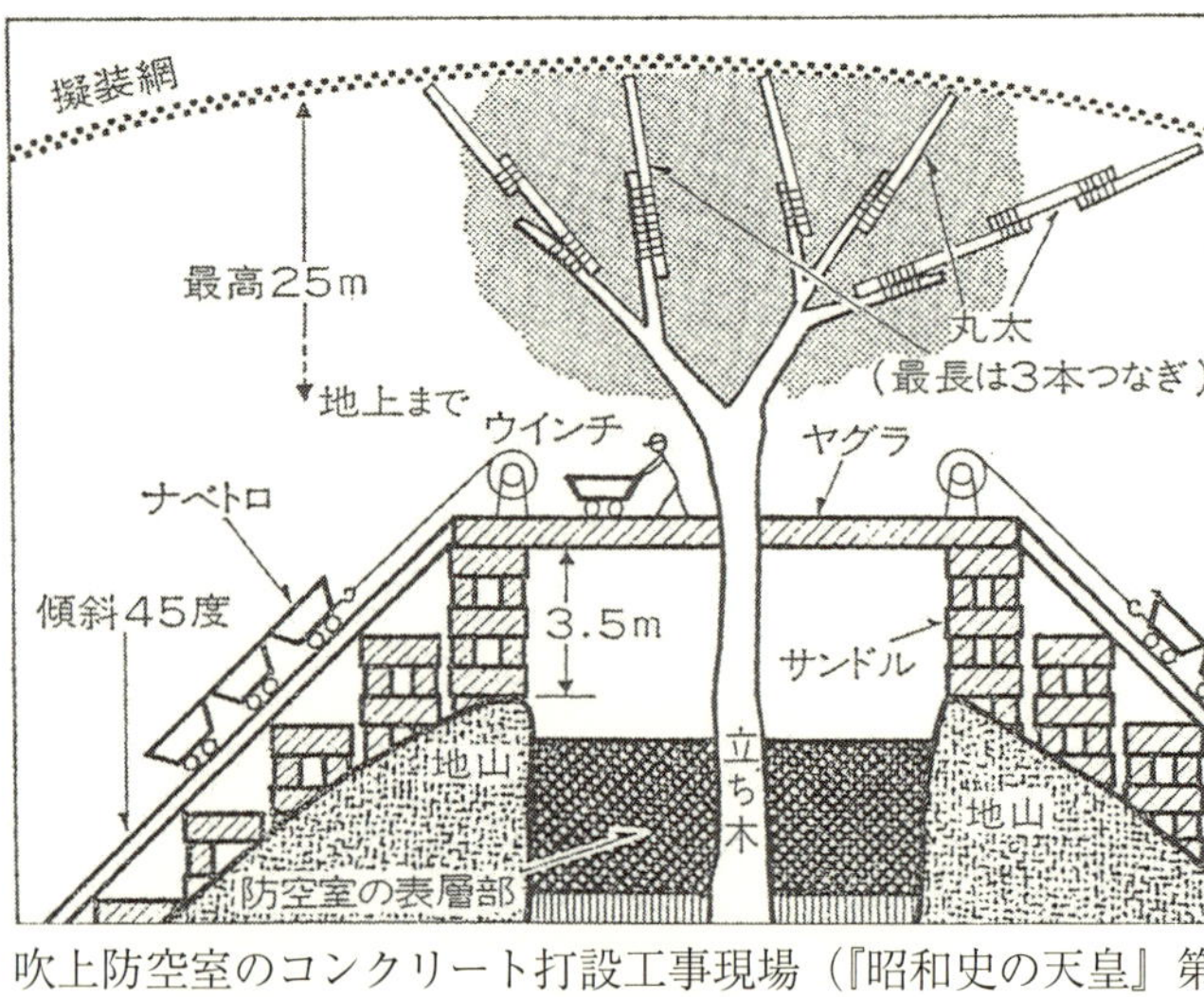

吹上防空室のコンクリート打設工事現場（『昭和史の天皇』第四巻 p.357より）

『同　右』

二十年は、敗戦を暗示してか天候も異様だった。冬には大雪が降り、梅雨は長く低温で底冷えする日々が続いた。ようやく梅雨があけたと思ったらこんどは猛暑、そして終戦直後には台風が例年を上まわって、何度も本土に来襲したのだった。たまたま一号演習の行なわれていた梅雨期の天候は、当時の陸軍侍従武官だった尾形健一大佐の日記に克明に記入されている。（中略）

念のためこの尾形日記をくってみると、一号演習がはじまった六月一日から、修祓《しゅうばつ》式の行なわれた七月三十一日までで「晴天」とあるのは二十六日間、工期の二か月を通じ大半は曇りまたは雨。ときには風雨とも強い日がしばしばあったことが記入されている。おまけに吹上御苑は赤土、これが雨にぬれてドロドロになり足場が悪い。そのうえ粗食と底冷えで下痢患者が続出した。

（第四巻　三五五〜三五六頁）

『同　右』

重労働の上に降りそそぐ長雨。寒気。兵隊たちの疲労は加わるばかりだったが、その上にもう一つ兵隊をなやましたのは、空襲警報だった。

吹上の工事場から近衛の営庭に至る数十万平方メートルの作業場で、一刻をおしむ作業が二十四時間休みなく続けられていたことは、しばしば書いたが、夜間作業のために、この一角は満艦飾をほどこしたように数千の電球と照明灯で、昼をあざむくばかりに明るくしてあった。しかもこのあかりは警戒警報が出ても消されなかった。警報とともに一瞬に暗黒と化す東京の中でここだけがあかあかとしていた。もちろん空襲警報とともに消されはするが、それも東京上空に敵機が近づいてくるまで消されなかった。これは一か八かの冒険であった。もし敵にみつかったら、なにもかもおしまいだ。

高屋長武氏（元陸軍技術少佐）の話

「照明の方は工期の二か月間、毎日神経をすり減らす思いだった。なにしろ二十四時間ぶっ続けの突貫作業だから、夜も休まないとすれば照明がいるわけだ。（中略）いつあかりを消すかは、警報と関係なく一切わたしの判断でやることになった。実際に東京の上空に敵機があらわれるまであかりを消さない。要するに一刻でも工事の手を休めないということにしたのです。（中略）予告もなしに、一瞬の盲目におちいるのだから、危険この上もない。

ヤミに目がなれてくるまで、やりかけの作業のままじっとしていないと、ヘタに動けば事故が起こる。擬装網のほころびを修理するため高い支柱にのぼっていた兵隊は、柱にしがみついたままじっとしているよりしかたがない。それだけならまだいいんだが、あかりを消すのはギリギリの時間まで引のばしてあるから、あかりが消えると、もう敵機の爆音が聞こえてくる。高射砲がドンドンうち上げられる。それをじっと盲のままこらえている。工事場のあちこちに掘ってあるタコツボに飛びこもうにも身動き出来ないのだ。わたしは消す方だから心構えは出来ているが、兵隊たちは全く予告なしにやられるのだから、たまらなかったでしょうね」

（第四巻　三六二〜三六五頁）

『同　右』

皇居の吹上御苑はもともとまことに静かなところで、静かすぎて夜半や早朝は、市ヶ谷、飯田橋あたりの駅のアナウンスが、はっきり聞きとれるくらいである。両陛下は長年そんな環境にお住みになっていたのに、それが一変、二十四時間ぶっ続けの騒音が、目と鼻のさきではじまったのだから、最初はさぞおどろかれたことと思う。

一号演習で補強工事の行なわれた吹上防空室は、当時、両陛下がお住まいになっていたお文庫とは直線距離で百メートルだが、作業場には面というものがあるから、実際には五，六十メートルしか離れていない。兵隊たちはそれこそ、陛下のご馬前で戦うの気概で張り切っているわけだから、かけ合う声にも気合がこもる。軌道を走るトロッコのきしみ、それを引き上げるウインチのうなり、あやまって索が切れ、ヤグラの上から大音響とともに転落するトロも出る。土木工事特有の喧騒は、もろにお文庫に飛び込んで行ったのだ。しかもこの工事が行なわれた二十年の六月二日から七月末日までの期間というのは、戦争もいよいよ土壇場に来ていた。毎日、陛下のお耳に達する戦況は悲報ばかりだった。（中略）

ただでさえ、気がめいるような戦局、しかもすぐお耳のはたで二十四時間ぶっ続けに響く工事の騒音。しかもこの騒音は、陛下のお心とは逆にあくまで抗戦を続けようという軍の叫び声ともきこえないわけでもなかったのだ。しかし、陛下は苦情めいたことは何一つおっしゃらなかった。

（第四巻　三七八〜三七九頁）

『同　右』

陛下は非公式には散歩の道すがら、ときどき工事の模様を御覧になっていたようである。しかし、本工事も一段落した七月にはいって、正式に、いわゆる〝天覧〟になり、将兵の労をねぎらわれたのだった。（中略）

吹上御苑は、ふたたびむかしの静かなただずまいにもどった。各作業部隊の解散にあたって、陛下から将兵の一人一人に賜物品が伝達された。北畠大尉（＊近歩二連隊）がもらったのは、ご紋章入りのカフスボタンだったそうだが、陶磁製で、それに金色でご紋章が焼きつけられていた。もう金属は使えなかったのだ。ただ「賜」と表書きした桐の箱に納められていた。兵隊たちには恩賜のたばこがくばられたはずである。（第四巻　三八二〜三八五頁）

『同　右』

補強が完了した吹上防空室は、七月三十日、近衛第一師団から正式に宮内省に申し送りの手続きがとられた。ふつうなら直ちに修祓式が行なわれるはずだったが、この日もまた終日、のべ八百八十機の艦載機の来襲があった。（中略）こんなわけで翌三十一日朝、敵の偵察機が飛んでいる中で、宮内省掌典によって簡単に、そそくさと修祓式が行なわれ、ようやく工事のしめくくりをつけた。浄法寺大佐は、森師団長からこの工事の技術面を担当した工兵学校研究部三十八人に対する表彰状を受け、これも逐次松戸へ引きあげて行くことになる。（中略）

内部はどうなっていたか。これは開戦まえに〝戊号演習〟と称してつくられたときのままだった。

ほんの一部、無電機の設置など、こんどの一号演習で手を加えられたところもあったが、間取りなどは変わっていなかった。実際に、陛下も八月二日、とても暑い日だったそうだが、その内部におはいりになった。このときは森師団長と幕僚と、隷下各連隊長、それに技術将校団、作業大隊長らが整列してお迎えした程度、いわばほんの内輪のものだけだった。

（第四巻　三八六〜三八七頁）

『侍従長の回想』　藤田尚徳

空襲はなお激しく続いて、待避壕も改造することになり、この工事は東部軍司令官田中静壱大将が自らやってきて工事を指揮した。石や大きな材木、さらに鉄道レールで骨組みをつくり、その上をセメントで固めたもので、十トンの爆弾にも耐える堅牢なものに仕上げた。御文庫の屋根にも竹を組んでツタをからませてカムフラージュしたが、この工事中にも高空をＢ29が悠々と飛んできたりした。恐らく宮城の空中写真を撮影していたものであろう。

（一八頁）

『徳川義寛終戦日記』

昭和二十年六月三日

五・四五ー六・三〇　移植植物一覧をお作りになる。軍の防空壕補強工事関係区域の草木を移植のため。

（二二〇頁）

『小倉庫次侍従日記』

昭和二十年六月三日

吹上御文庫附属室、強化工事の為、工作場となる部分の草木を侍従一同の手にて御移しす。

（一八七頁）

昭和二十年六月六日

吹上附属室強化の為めの工事に付、草木移植、本日完了せり。

『徳川義寛終戦日記』

昭和二十年七月十一日

御文庫附属室補強工事場臨御后三・〇五――三・二五陸軍御軍装、短袴・御勲章なし（作業演習天覧、森［赳］中将近衛師団長として御説明）

（二三八頁）

昭和二十年七月二十五日

三・二五――三・五五　御散策、防空壕御覧（後略）

（二四四頁）

昭和二十年七月二十八日

附属室ほぼ完成し、塀がとれたので、御覧になる。兵なお処々にありて敬礼す。ご答礼度々遊ばさる。
（二四六頁）

昭和二十年七月三十一日

御文庫附属室補強工事成る。竣工式九・〇あり、両陛下御覧になる。山容改まるというべし。
（二四八頁）

『**昭和天皇実録**』

昭和二十年六月一日

御文庫附属室補強工事

御文庫において侍従長藤田尚徳に謁を賜い、陸軍省による御文庫附属室補強工事（一号演習）につき言上を受けられる。六月五日地鎮祭が行われ、工事が開始される。

昭和二十年七月十一日

御文庫附属室補強工事を御視察

午後三時五分御文庫を発御され、望岳台を経て御文庫附属室の補強工事現場へお出ましになる。近衛第一師団長森赳・陸軍工兵学校研究部長浄法寺朝美の説明にて、作業を御巡覧になる。三時二十五分、御文庫に還御される。

昭和二十年七月二十五日

補強工事中の御文庫附属室を御覧

観瀑亭方面を御散策になり、途中、補強工事中の御文庫附属室を御覧になる。（中略）

午後十時八分空襲警報発令につき、同三十五分から翌日午前零時までの間、皇后と共に御文庫地下室に御動座になる。

昭和二十年七月三十一日

御文庫附属室強化工事完成

御文庫附属室は一昨二十九日を以て強化工事完成につき、昨三十日に陸軍省から宮内省に引き渡され、この日午前九時、竣工式（修祓の儀）の挙行あり。ついで十時四十分より十一時三十分まで、皇后と共に御文庫附属室の完成後の情況を御覧になる。（第九）

『日本防空史』　浄法寺朝美

たまたまヒットラーのベルヒスガーデンに米空軍が、一〇t爆弾を投下したというニュースも伝わってきた。この頃東京をはじめ大中の都市が空爆されて、焼野原と化すものもあった。宮内省、大本営の首脳部は気が気でなかった。陛下は松代本営に御動座を肯じられず、皇居にお留まりの決意であるとのこと。（著者が阿南惟幾陸相から本工事の設計を命ぜられたときにも、陸相から直接陛下は宮城に最後まで留まる決意であられることを承った）。

かくて阿南陸相は、先に完成した戌号演習工事の吹上防空室の補強を考え、大本営会議室と両陛下のご避難所（防護室）として、大型爆弾に対し安全を期したのである。六月下旬のある日、陸相と幕僚二人と私の四人は、吹上防空室に至り補強法の大要を研究した。その折、陸相は耐弾効力は本防護室の上部および周囲の同一個所に五t爆弾二発命中しても、内部は絶対安全であるように設計施工せよと著者に命ぜられ、かつ一週間の設計期間を与えられた。（最悪の場合B29の航空距離と携行弾量・弾数から、五t爆弾を考え、かつ命中公算から至近弾も考えて、同一個所に二発としたもの）。

当時米軍の対日用大型爆弾としては、、二〇〇〇ポンド（九〇七kg、一t爆弾という）が考えられ、これらの諸元は明らかであったが、五t爆弾の諸元は不明であった、かつ爆弾には地雷爆弾（弾殻五〇%、炸薬量五〇%）、薄肉爆弾（弾殻三〇%、炸薬量七〇%）、徹甲爆弾（弾殻七〇%、炸薬量三〇%）の三種があり、もしこの堅硬な目標をねらうとすれば、徹甲爆弾を使用するのが当然と考えた。地雷爆弾や薄肉爆弾は堅硬な目標に命中しても、弾体が破壊することが多い。

設計は五t徹甲爆弾の鉄筋コンクリート掩蓋への侵徹を極限するのを主眼として、最上部に起爆層を置くことにした。本工事の起爆層は五〇kg軌条を敷き並べ、軌条相互を直および綾に太い鉄筋で組み合わせて一層とし、更にその上に、前の軌条と直角に五〇kg軌条を敷き並べて鉄筋で緊結し、その間に優良コンクリートを打設した。

戌号演習工事の表土を剥ぎとり、土体を十分搗き固めた上に厚さ二・一mの鉄筋コンクリートを打ち、その上に前記起爆層を設けて、、爆弾の侵徹を極限し、爆破威力が命中二弾を以てしても、内室に及ばない設計とした。また側壁（外壁と仕切壁）は二重となっているが、五t爆弾の土中への侵徹爆破によって破壊されないためには弾を側壁に近づけてはならないので、投下爆弾の落角と侵徹深さを考慮し、前記鉄骨鉄筋コンクリート（布団コンクリート）起爆層を防空室の外周から外に各七mずつ延ばした。以上はいずれも理論と大型爆弾の実験から決定した。

本工事を一号演習と名付けて、兵力で実施したが、吹上附属室の補強作業で、本作業を近衛第一師団に下命し実施させた。六月五日地鎮祭を行って、直ちに着工した。B29が毎日偵察や爆撃に帝都に現われる情況下での作業で、正に敵前築城であり、資材、兵力を動員する作戦であった。近衛師団長森赳中将、主任参謀溝口昌弘少佐、後に古賀秀正少佐、作業隊長赤羽工兵連隊長岩佐隆大佐、後に工兵学校研究部長浄法寺朝美技術大佐などが骨幹となり、兵力は近衛歩兵一・二・六・七の四個連隊、工兵、騎兵、砲兵、鉄道の各一個連隊で、別に二〇〇〇人の動員を行なった。七月一五日大部の工事を終るまで一日三交代で一交代平均二〇〇〇人、コンクリート打設日は四〇〇〇人、全工事のための延べ兵力は約一〇万人であった。

本工事は米軍機のちょうりょう下に行なうので、御苑の作業場（近衛師団営庭のコンクリート混連場を除く）の上に大偽装網を敵機に察知されないよう二日で展張した。除土の上に、高さを不規則とした丸太の支柱を多数建て、（高いものは一五mの継ぎ柱）あるいは立木を利用し、御苑の地域色の暗緑色にならって、二m四方の偽装網を染め上げ、これを約二〇〇〇枚継ぎ合わせて展張した。高低を不規則とし、地主山続きの自然の森に見えるよう偽装した。

また二四時間の突貫工事であったから、電灯及び投光器は十分にした。危害予防上当然のことではあったが、点灯すれば昼をあざむく明るさであった。警戒警報下では消灯せず作業を実施し、空襲警報下令の時でも、東京侵入が明らかな時だけ消灯して、作業を中止したが、突然消灯されるから、各作業の兵は、そのまま解除までじっとしていなければならなかった。

偽装と照明は工兵学校の高屋長武技術少佐の担当としたが、真に彼は苦労した。その他工事の経始や段取り（コンクリート運搬車巻上路の構築など）コンクリート混錬場の編成（ミキサー一四台、これに属する材料置場と給水、複線トロ軌道と渡り線の設置など）コンクリート打設場の編成（ループ線の敷設、コンクリート投入設備など）の作業があったが、主要な工事は布団鉄筋コンクリートと鉄骨起爆層の作業で、これは一週間の昼夜連続の作業であった。

歩兵は主としてコンクリートのトロ押し、騎兵は砂・砂利・セメントの運搬・計量・ミキサー投入、砲兵はミキサーの運転、コンクリート打設と鉄筋は工兵、起爆層は鉄道兵と任務分担された。

コンクリート打設量は約二万㎥であった。主要工事は大体七月中旬に終わり、起爆層の上に厚さ約一mの覆土をし、全面に芝張りを実施し、モチノキ、ツツジ、アカマツ、ススキを植生した。左右の露天通路の両側にはモチノキ、シロガシ、アカガシ、クロマツ、アカマツ、ハンノキ、コナラ、ススキを植生して、通路を完全に遮蔽した。

七月二九日跡片付を終って、すべての兵力は引上げ、同三〇日宮内庁に引き渡した。この間七月一日の午後、約二五分間にわたって工事の天覧があり、森師団長が概況のご説明、著者が設計施工のご説明を申し上げた。本防空室で、八月一〇日及び一四日の終戦に関する御前会議が開かれたこと、一五日の終戦の詔勅放送を、陛下がここの御休所で聞かれていたことを知って、著者は感無量である。

なお、堅牢無比の本防空室といえども、原子爆弾が本防空室付近で地上破裂を想定する場合、その爆破、放射能、熱線の威力・効力に対し、また放射能の二次災害に対し、十分でないことは、承知しておく必要がある。（九七〜九九頁）

（＊著者とあるのは浄法寺朝美氏のことです）

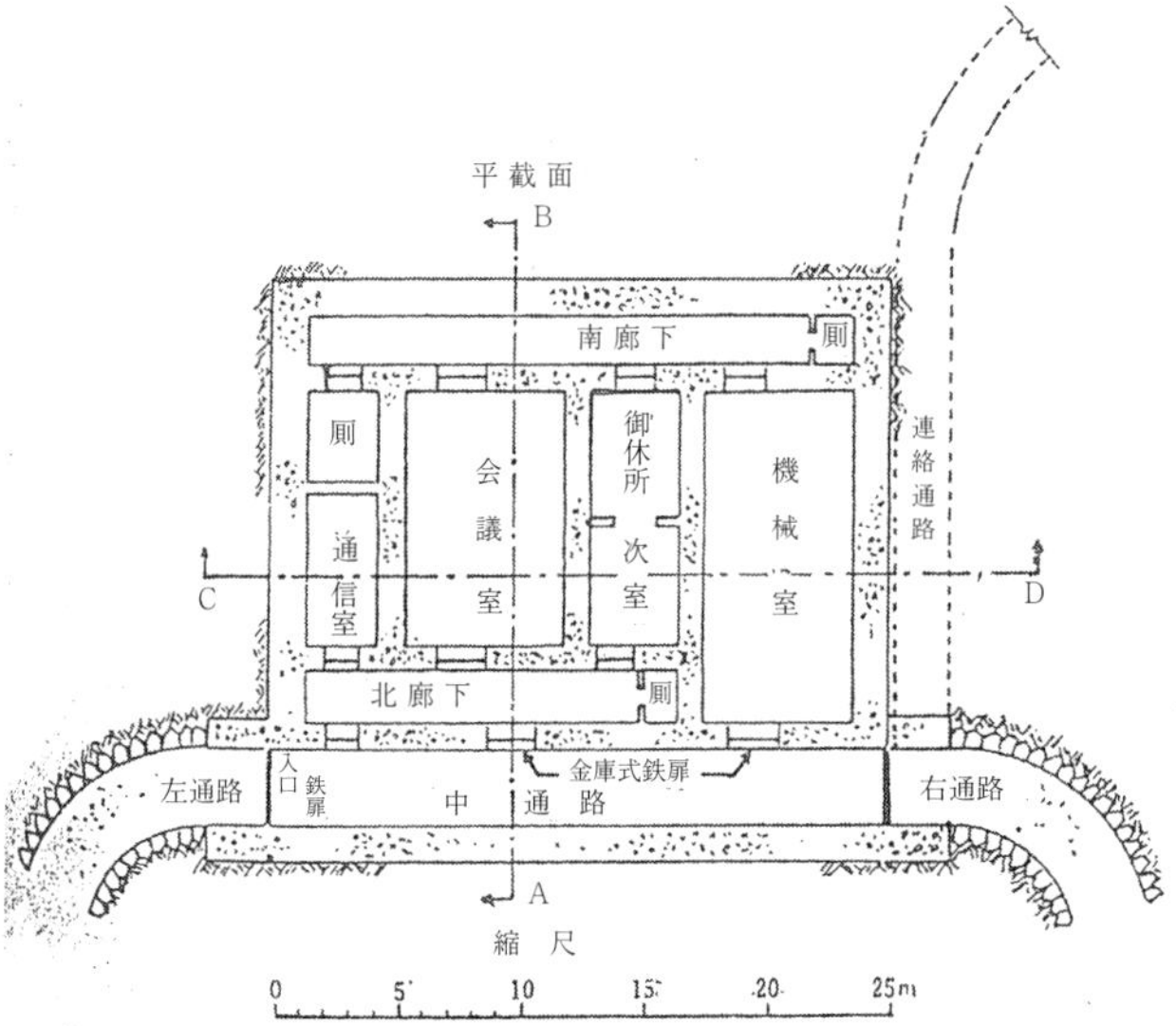

（＊方位は北が下向きになっている）

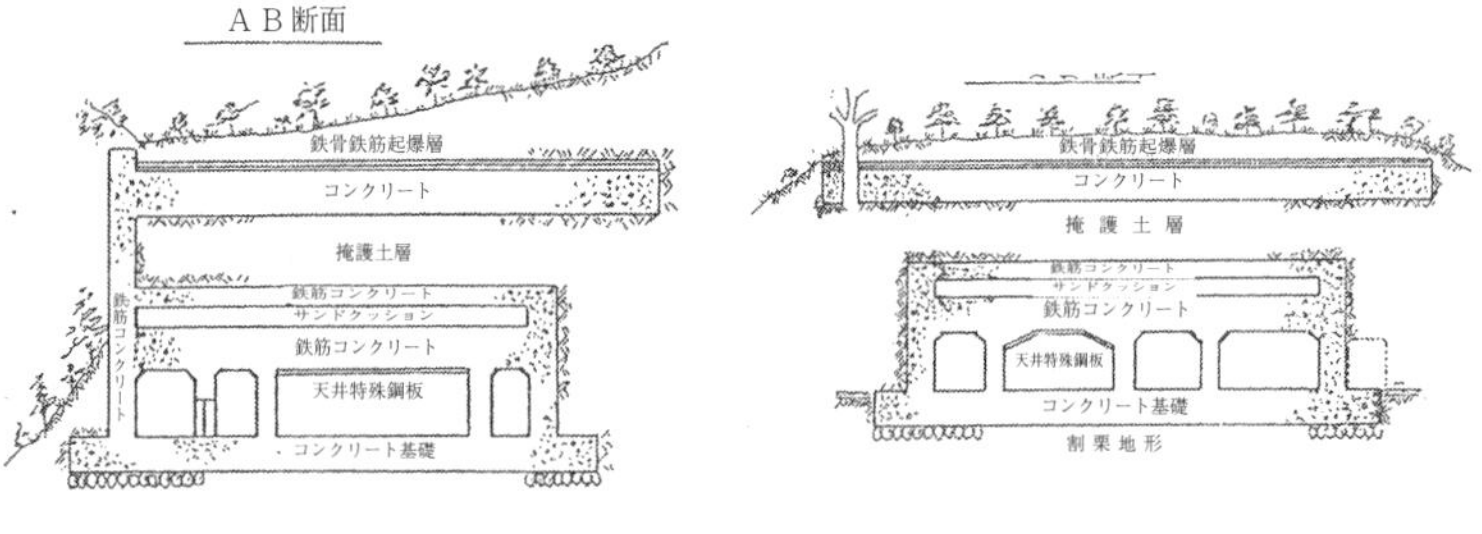

宮城内掘開式地下防空室　平・側断面図　（『日本防空史』p.95 より）

三　それぞれの使われ方

㈠ 宮内省第二期庁舎（金庫室）

第二期庁舎の地下室が、空襲避難所として使用されたことが、昭和一七年一月一日の『昭和天皇実録』に出ています。

また、天皇の御座所も昭和一九年一二月頃から、明治宮殿から第二期庁舎へ移され、昭和二〇年三月頃には、主として御文庫の書斎を政務室として使用されていたようです。

昭和二〇年八月の動静については、㈣で述べます。

『昭和天皇実録』

昭和十六年十二月十三日

警戒警報発令

この夜、警戒警報が発令される。午後八時五十五分、侍従武官徳永鹿之助より警報発令の事情に関する上聞を受けられる。侍従武官府では、夜間の宮内省第二期庁舎への御動座を強く希望しており、また剣璽ノ間の貴重品、皇后の御手許品については大体が同庁舎の金庫室に移される。

昭和十六年十二月十七日

第二期庁舎での御就寝を御内許

皇后宮大夫広幡忠隆に謁を賜い、宮内省第二期庁舎において御就寝になることにつき願い出を受けられ、これを御内許になる。

昭和十七年一月一日

警戒管制を実施

新年における敵機による空襲を警戒するため、本日午前零時より一月四日までの夜間のみ警戒管制が実施される。

第二期庁舎にて御就寝

よって本日より三日まで、皇后・成子内親王・和子内親王・厚子内親王と共に、宮内省第二期庁舎において御就寝になる。なお、貴子内親王は御常御殿において起居する。

剣璽渡御

これに先立ち、剣璽の渡御が行われる。四日、皇后と共に第二期庁舎より御常御殿に還御され、内親王方は呉竹寮に戻る。また、剣璽も御常御殿に奉還される。同日、第二期庁舎への御動座は警戒管制実施の場合に行うことを決定する。

昭和十七年三月四日

警戒警報

本日早朝、南鳥島の通信機関等が米軍艦載機の空爆を受けたことにより、午後七時三十五分、警戒警報が発令される。

第二期庁舎の移御

同四十五分侍従武官城英一郎より警戒警報につき奏上を受けられた後、九時三十分、皇后と共に宮内省第二期庁舎に移御され、御就寝になる。これより前の午後八時三十分、宮内省第二期庁舎御金庫室に剣璽等の渡御が行われる。

昭和十七年三月五日

帝都初の空襲警報発令

地下御金庫室に御動座

（前略）午前八時五分、開戦以来初めて帝都に空襲警報発令につき、皇后と共に直ちに宮内省第二期庁舎御金庫室へ御動座になる。また、成子内親王・和子内親王・厚子内親王並びに貴子内親王も御金庫室に移る。その後誤報と判明し、同九時十七分空襲警報解除につき、皇后・貴子内親王と共に御常御殿に戻られる。ついで、成子内親王・和子内親王・厚子内親王は呉竹寮に戻る。ただし、警戒警報は引き続き発令中につき、午後九時三十分、皇后と共に再び宮内省第二期庁舎にお移りになる。翌六日午前九時四十分、御常御殿に戻られる。十時十五分警戒警報が解除される。午後四時、御金庫室より奥宮殿へ剣璽の渡御が行われる。

昭和十七年三月十二日
警戒警報
第二期庁舎に移御
侍従小倉庫次より、本日午後四時警戒警報発令につき、御就寝は宮内省第二期庁舎において願いたき旨の言上を受けられる。午後九時二十五分、皇后と共に御常御殿より同庁舎に移られ、御就寝になる。これより前、御金庫室に剣璽の渡御が行われる。なお、この月十六日まで、皇后と共に第二期庁舎において御就寝になる。

昭和十七年四月十八日
米軍機の帝都初空襲
御金庫室に御動座
（前略）米軍機の帝都各所に対する奇襲爆撃により、午後零時二十八分空襲警報発令につき、直ちに宮内省第二期庁舎金庫室へ剣璽の移御が行われる。天皇は同五十六分、皇后・貴子内親王と共に御常御殿より宮内省第二期庁舎御金庫室に御動座になる。成子内親王・和子内親王・厚子内親王は呉竹寮より、正仁親王は青山御殿より、それぞれ宮内省第二期庁舎御金庫室に移る。不例の皇太子は赤坂離宮御文庫へ入り、沼津御用邸御滞在中の皇太后は御用邸内の特別防空壕へ御動座になる。（中略）午後三時五十一分空襲警報解除につき、四時十八分、皇后・正仁親王・貴子内親王と共に御常御殿還御され、成子内親王・和子内親王・厚子内親王は呉竹寮に戻る。（中略）九時二十五分、再び宮内省第二期庁舎に移御され、同庁舎御寝所において御就寝になる。

昭和十七年四月十九日
御金庫室に御動座
午前二時一分空襲警報発令につき、同八分皇后と共に宮内省第二期庁舎御金庫室に御動座、その後に動座の正仁親王・貴子内親王・成子内親王・和子内親王・厚子内親王と御一緒に御就寝になる。四時、空襲警報が解除される。九時三十五分、皇后と共に御金庫室より御常御殿に戻られる。貴子内親王・正仁親王は奥宮殿へ、成子内親王・和子内親王・厚子内親王は呉竹寮へそれぞれ戻る。（中略）なお、本十九日の空襲警報はいずれも誤報であることが後に判明する。

昭和十七年五月六日
午前七時五十分空襲警報発令につき、八時十分、剣璽及び皇后・貴子内親王と御一緒に宮内省第二期庁舎御金庫室に御動座になる。同三十五分空襲警報が、同四十五分警戒警報が解除につき、九時五十分御常御殿に還御される。御夕餐中の午後六時十五分、再び警戒警報発令につき、皇后と共に再び第二期庁舎に御動座になる。

昭和十七年五月七日
午前九時三十五分、宮内省第二期庁舎より御常御殿に還御される。午後二時二十五分、雨天につき、昨日来発令中の警戒警報が解除されるが、天候が回復すれば再び警戒警報が発令されるため、九時二十分、皇后と共に第二期庁舎に御動座になる。以後、十日朝まで第二期庁舎において御就寝になる。

昭和十七年八月十二日

警報警報

第二期庁舎に移御

この日午後二時十分、北部・東部・中部各軍管区に警戒警報が発令される。同九時四十分、皇后と共に宮内省第二期庁舎に移られる。これより前、同庁舎に剣璽の渡御が行われる。本日より十四日午前八時三十分に警戒警報が解除されるまで、宮内省第二期庁舎において御就寝になる。（第八）

『侍従武官　城英一郎日記』

昭和十七年九月三〇日

一一〇〇、空襲警報発令。昨夜、東京東方五〇〇マイルにて、国籍不明の飛行機二機発見、東方に避退。海軍機にて此方面捜索下令。今夜第二期庁舎御使用遊ばさる。御文庫は未だ湿気多く、御健康上具合悪し。（一八九頁）

『側近日誌』木下道雄

天皇の御座所は、空襲が激しくなった一九四四年十二月から「二期庁舎」にあった。宮内省庁舎は関東大震災で損壊した旧庁舎の跡に再建され、一九三五年完成した。これが一期庁舎で、翌年その西側に接続して建てられたのが二期庁舎である。このころ中国大陸では硝煙の臭いがただよっており、総檜造りの明治宮殿では万一の場合危いと、防空施設を備えた仮宮殿として使えるよう設計されていた。

大会議室のような地下室が造られ、空襲警報が発令されると、避難場所になった。本庁舎（一期庁舎）より天井が高くゆったりしており、二期庁舎の二階は本庁舎の三階に当たる。天皇が使っていたので、二期庁舎を「内廷庁舎」ともいった。四五年二月七日、終戦への方策を探るために、天皇が平沼騏一郎に始まる重臣たちの意見を聞いたのも、終戦の玉音を録音したのもこの一角で、八月一五日を挟んでの慌ただしいドラマの舞台となった。

当時は爆風によるガラスの破片を避けるため、廊下の窓寄りに砂袋が積んであり、昼でも暗くうっとうしかった。

（二五七〜二五八頁・高橋紘解説）

『昭和史の天皇』

賀陽恒憲氏（当時の陸軍大学校校長、中将、皇族賀陽宮恒憲王）の話

（昭和二十年三月）九日夜から十日未明にかけて、東京はB29の大空襲を受け、（中略）ぼくの家は、当時の麹町区三番町、いま千鳥が淵の戦没者墓苑のあるあそこにありました。（中略）

ぼくもプリンスの時代ですから、消防隊がまっさきにかけつけてくれ、必死の消火作業をしてくれましたが、ホースの水が火にはじき飛ばされるしまつで、身一つでのがれるのが精いっぱい。家族の

手を引いて、近衛師団司令部の前の代官町通りの猛煙をくぐって、乾門から宮城の中へ飛び込んだのです。そしてその夜からしばらく、陛下のお許しを願って、宮内省第二期庁舎の二階の一室をお借りしました。

その部屋は、当時の表謁見所（拝謁の間）でした。それは二間つづきの広い洋間で、一部屋は、陛下がご政務をおとりになるところ、もう一部屋は、大臣や軍の首脳などに拝謁をたまわるところですが、そのころ、陛下は主としてお文庫のご書斎をご政務室に使っておいでだったので、いわばあいており、ぼくたちが使わせていただいたわけです。実はこの部屋が八月十四日夜半、陛下があの終戦詔書の玉音放送の、録音をされた場所だったとあとで聞いて、感銘を新たにしたものです。（中略）宮城内に五日間ほど寝泊まりさせていただいてから、甲府（＊当時陸軍大学は甲府にあった）へ赴任しました。

（第七巻　三二六〜三二七頁）

㈡ 御文庫

御文庫は昭和一七年の年末には完成しましたが、住み心地も悪かったようで、明治宮　殿にお住まいだったようです。昭和一九年に入って、空襲もひどくなり、だんだんとお住まいが御文庫に移ったようです。ご政務は第二期庁舎でおとりになり、公式の行事は明治宮殿で行なわれていました。その明治宮殿も昭和二〇年五月二五日に焼失しました。

「徳川義寛終戦日記」によれば、「昭和一九年一二月一三日、昨夜より常に地下（御文庫）に御寝とさだめらる」とあります。

昭和二十年八月については、㈣で述べます。

『木戸幸一日記』

昭和十六年

七月二十六日　大金（益次郎）総務局長来室、宮城防空等につき協議す。
　武官長来室　防空其の他につき懇談す。

七月二十七日　松平宮相を官邸に訪ひ、防空其他内外の情勢等につき懇談

七月二十八日　武官長来室、防空其他の件につき懇談す。

八月一日　宮相来室、防空問題其他につき懇談す。

八月二十二日　宮相来室、防空施設等につき経過の話ありたり。
八月二十五日　白根次官来室、宮城防空施設の件につき説明を聴き、意見を述ぶ。
九月十二日　岩波内蔵頭来室、防空に関する追加予算の説明を聴く。
昭和十七年
八月八日　侍従長来室、吹上御利用についいて相談あり、意見を述ぶ。
昭和十八年
一月八日　吹上御文庫に於いて拝謁す。
二月一日　御文庫に於て晩餐の御相伴をなす。
四月二十日　御文庫にて六時五十五分より七時十分迄、拝謁。
八月二十一日　町村警保局長来室、帝都の防空其他につき懇談す。
九月二十五日　侍従長来室、夏季のみならず常時御文庫御利用につき相談あり、全然賛成す。
十二月二十七日　宮相来室、宮城内疎開の問題につき話ありたり。　(下巻　八九四～一〇七六頁)

『入江相政日記』
昭和十七年
四月九日　午后吹上に御散策を願ひプールの位置を御覧願はうと思ってゐたが、お上の方が午后拝謁がお続きなので又の事にする。　(第一巻　三〇三頁)

『小倉庫次侍従日記』

昭和十七年

八月十二日　日光より還幸啓。吹上新館並プール御覧。

八月十五日　御水泳（二・〇〇——二・三〇、吹上御苑プール。両陛下にて始めて御使用遊ばさる。いと満足に拝す。）。

九月三十日　警戒警報発令せられ、御格子《みこうし》（就寝）を第二期庁舎に遊ばさるることとなる。吹上を御望みあらせられたるも、地下温度高しとて侍医頭同意せず。

（一六四頁）

『高松宮日記』

昭和十七年八月二十五日

（前略）一九〇〇御所。吹上ノオ文庫ニテ映画初メテアリ。余程涼シク月モヨシ。オ文庫ト云フダケデ、未ダ名ガ出来ズ。一度北御車寄カラ上ッテ宮内省ノ車ニテ行ク。戻リハ御供シテ歩イテカヘル、二一三〇皈。

（第四巻　四四三頁）

『侍従武官　城英一郎日記』

昭和十七年八月二五日

日光より御還幸啓後、吹上の御文庫完成せる為め、午後は御文庫に出御、御水泳又御夕食も仝所にて御済しのこと多し。

（一八〇頁）

『入江相政日記』

昭和十七年九月一日

その後吹上へ成らせられ御水泳。

（第一巻　三一五頁）

『侍従武官　城英一郎日記』

昭和十七年九月二四日

午後六時三〇分より、御文庫「ベランダ」にて御月見に御相伴す。

（一八七頁）

『昭和天皇実録』

昭和十七年八月十五日

御文庫における御夕餐

午後、皇后と共に御文庫にお出ましになる。ついで初めて皇后とご一緒に今般吹上御苑内に竣工のプールにおいて水泳をされる。（中略）以後、本年末まで皇后と共に御文庫において頻繁に御夕餐をお召しになる。（後略）

昭和十七年九月三十日

警戒警報

第二期庁舎に移御

この日午前十一時警戒警報発令につき、夜、皇后と共に宮内省第二期庁舎に移られ、御就寝になる。天皇は御文庫への移御を強くご希望になるも、同所地下の多湿状態が幼少の貴子内親王へ及ぼす健康上の影響を考慮され、ご使用をお取り止めになる。

昭和十七年十月三日

御文庫にて初めて御就寝

この日、御就寝に際し、初めて御文庫を皇后と共にご使用になる。（中略）以後、本年中は土曜日・日曜日の両日に御文庫において皇后と共に御就寝になり、月曜日の朝に御常御殿に戻られることしばしばあり。

昭和十七年十二月十日

皇太后御参内

御食後、皇太后は皇后のご案内にて吹上御苑にお出ましになり、プール、御文庫をご覧になる。

（第八）

『同　右』

昭和十八年一月八日

御文庫に御移居

御文庫に剣璽渡御

天皇・皇后はこの日より当分の間、今般吹上御苑内に造営工事完了の御文庫において起居されることとなる。皇后は午前十一時過ぎ、天皇は正午過ぎに御文庫にお成りになる。天皇・皇后共に先般来御不例気味にて、本来ならば葉山などへの御転地を願うべきところ、時局柄不可能につき、次善の案として御文庫への御移転が決定する。以後、御公務に際しては宮殿に出御され、御用済み後は御文庫に還御されることとなる。なおこの夕刻、御文庫に剣璽の渡御が行われる。

昭和十八年二月二十八日

御文庫工事のため宮殿御常御殿に御移居

御文庫における工事のため、その間再び御常御殿において起居されることとなり、午後九時十七分、還御される。また、これに先立ち、御文庫より御常御殿に剣璽の移御が行われる。

昭和十八年三月十七日

御文庫の工事状況御覧

午後四時四十分、自動車にて御文庫をお出ましになり、工事の模様をご覧になる。五時十分、還御される。

（第九）

『小倉庫次侍従日記』

昭和十八年四月一日

吹上御文庫、工事完了に付、本日より両陛下、吹上に御起居御遊るることとなれり。（一六九頁）

『昭和天皇実録』

昭和十八年四月一日

御文庫に御移居

去る二月二十八日よりの御文庫の工事完了につき、本日より再び皇后と共に御文庫において起居されることとなり、午後四時四十分、御文庫にお移りになる。後刻、御文庫に劔璽の移御が行われる。

昭和十八年四月二十七日

賢所防空建物を斎庫と称す

昨年六月二十日竣工の賢所防空用の建物を「斎庫」と呼称すること、並びに賢所・皇霊殿・神殿の非常御動座に関し、空襲警報発令の際は斎庫に奉還することを御治定になる。

昭和十八年七月十八日

午後、吹上御苑内のプールにおいてプール開きを行われ、御運動のため皇太子及び和子内親王・厚子内親王と共に水泳をなされる。以後、折々に水泳をされる。

昭和十八年七月十九日
なお、御文庫において御起居を開始以来、平日宮殿に出御後、御昼餐に際して御文庫に戻られることしばしばあり。本日より当面の間、午後に行事なき場合は御文庫において過ごされることとなる。

昭和十八年十月三十一日
内閣総理大臣東条英機に謁を賜い、軍需省等の人事内奏を受けられる。その際、翌月開催予定の大東亜会議に際し、各国代表の宿泊施設及び防空に注意すべき旨を述べられ、その現状につき説明をお聞きになる。
（第九）

『入江相政日記』
昭和十九年三月三日
今日から御璽、国璽、御拝の御剣を御文庫にお移しする。御璽は又朝御常の方へお持ちすること。
（第一巻　三七七頁）

『昭和天皇実録』
昭和十九年五月十七日
疎開せず宮城に留まる御決心

宮内大臣松平恒雄をお召しになる。疎開問題につき、あくまで宮城に留まる決心である旨を示される。

昭和十九年五月二十日

警戒警報

なお、今回の警報発令に関連し、警戒警報発令中はなるべく御文庫にてお過ごしになること、両総長等の奏上は御文庫において御聴取になること、延期可能な儀式的賜謁は警報解除後とすること、宮殿における賜謁の際は自動車にて御往還になること等を御聴許になる。

昭和十九年五月二十一日

低空飛行による御文庫付近状況視察を御指示

なお御散策の際、稔彦王（防衛総司令官）に対し、上空より見た宮城の状況につき御下問になり、低空飛行により特に御文庫付近の状況を視察すべき旨をご希望になる。これにより、この月三十日宮内大臣松平恒雄以下の宮内省防空担当者が防空総司令部の輸送機に搭乗し、宮城・大宮御所・下総御料牧場を、また六月七日には那須・塩原・日光・葉山の状況をそれぞれ上空から視察する。（第九）

『ある侍従の回想記』　岡部長章

昭和十九年の七月ごろから、陛下は明治宮殿から吹上御所に移られました。六月にサイパンがおち

て、アメリカがこの地に飛行場を設営し、日本本土も爆撃圏内に入ったからです。（一五五頁）

『**昭和天皇実録**』

昭和十九年九月十八日

　紅葉山防空壕

　宮内大臣松平恒雄に謁を賜い、紅葉山地下工事につき奏上を受けられる。これより前の七月十三日、宮内省防空委員会は紅葉山防空壕の築造につき協議する。

昭和十九年十一月一日

　空襲警報

　御文庫地下室に御動座

　午後一時二十五分、空襲警報発令につき、直ちに皇后と共に御文庫地下室に御動座になり、空襲警報解除の二時五十五分まで過ごされる。警報発令に伴う御動座は去る昭和十七年十一月二十二日以来のことである。

昭和十九年十一月四日

　同日より当分の間、已むを得ない行事以外は天皇・皇后と共に概ね宮殿には出御されず、御文庫においで過ごされること、（後略）（第九）

『徳川義寛終戦日記』

昭和十九年十一月五日

御文庫地下を検分の上戻る。　（一一一頁）

『昭和天皇実録』

昭和十九年十一月五日

御文庫地下室に御動座

（前略）空襲警報発令につき、皇后と共に御文庫地下室に御動座になり、十一時三十分に警報が解除されるまで過ごされる。正午過ぎ、御文庫において参謀総長梅津美治郎に謁を賜い、午前に発令の空襲警報につき奏上を受けられる。

昭和十九年十一月七日

午後一時十四分、関東地区に空襲警報発令につき、皇后と共に御文庫地下室に御動座になり、二時三十四分に空襲警報が解除されるまで過ごされる。敵機二機が帝都上空に侵入するが、投弾なくして通過する。

昭和十九年十一月二十四日

御文庫地下室に御動座

帝都空襲

この日午前十一時五十分警戒警報が発令、ついで午後零時十二分には空襲警報が発令につき、皇后と共に御文庫地下室に御動座になる。米軍爆撃機約七十機が編隊を以て帝都並びに周辺地区に侵入、爆弾・焼夷弾を投下する。去る昭和十七年四月十八日以来の帝都空襲にして、中島飛行機武蔵製作所（北多摩郡武蔵野町）及びその付近、江戸川・荏原・品川・杉並各区等に被害が生じる。午後三時二分、空襲警報解除につき、皇后と共に御文庫御座所に戻られる。空襲警報解除後の午後五時三十分、御文庫において内務大臣大達茂雄に謁を賜い、空襲被害状況につき奏上を受けられる。

昭和十九年十一月二十七日

午後零時五十五分空襲警報発令につき、直ちに皇后と共に御文庫地下室に御動座になる。四十機内外の米軍爆撃機が分散して関東・東海道・近畿南部に来襲する。午後三時五分空襲警報解除につき、皇后と共に御文庫御座所に還御される。

昭和十九年十一月三十日

御文庫地下室に御動座

帝都への初の夜間空襲

昨夜午後十一時四十五分空襲警報発令につき、同五十分、皇后と共に御文庫地下室に御動座になり、本日朝まで過ごされる。帝都に対する最初の夜間空襲が二回にわたって行われ、神田・日本橋・本所・芝公園・麻布・六本木など各所に火災が生じる。

昭和十九年十二月三日

御文庫地下室に御動座

午後一時五十分空襲警報発令につき、同五十五分から皇后と共に御文庫地下室に御動座になり、三時五十分まで過ごされる。

昭和十九年十二月六日

午後零時十五分警戒警報発令につき、皇后と共に御文庫地下室に御動座になる。一時二十六分、警戒警報は解除される。（後略）

昭和十九年十二月七日

午前一時四十四分空襲警報発令につき、同四十八分、皇后と共に御文庫地下室に御動座になり、朝まで過ごされる。午後六時十分再び空襲警報発令につき、同十五分、皇后と共に御文庫地下室に御動座になる。同五十二分空襲警報が解除される。七時十五分警戒警報解除につき、地上に戻られる。

昭和十九年十二月八日

午前二時二十分警報発令につき、同二十五分、皇后と共に御文庫地下室に御動座になり、朝まで過ごされる。

昭和十九年十二月十日

午後八時六分空襲警報発令につき、同十分、皇后と共に御文庫地下室に御動座になる。八時四十分空襲警報解除につき、同五十分地上へ戻られる。

昭和十九年十二月十一日

午前三時九分空襲警報発令につき、直ちに皇后と共に御文庫地下室に御動座になり、朝まで過ごされる。

昭和十九年十二月十二日

昨日午後十一時五十分警戒警報発令につき、この日午前零時四十二分、皇后と共に御文庫地下室に御動座なり、朝まで過ごされる。（中略）

御文庫地下室に御動座

午後七時三十八分及び同九時二十九分の二回にわたり空襲警報が発令される。この夜より御文庫地下室において御就寝のことに定められる　（第九）

『徳川義寛終戦日記』

昭和十九年十二月十三日

昨夜より常に地下（＊御文庫）に御寝と定めらる。　（一一七頁）

『昭和天皇実録』

昭和十九年十二月十三日

午後一時三十分空襲警報発令につき、同三十五分、御文庫地下室に御動座になる。同三時五分空襲警報が、同五十五分警戒警報が解除される。夜、侍従武官清家武夫より空襲被害並びに戦果につき奏上を受けられる。

昭和十九年十二月十四日

地下室気温高きため暫時地上にて御就寝

午前二時五十分警戒警報発令につき、同五十五分、皇后と共に御文庫地下室に御動座になり、朝まで過ごされる。一昨十二日、爾後御文庫地下室において御就寝のことに定められるも、地下室内の気温が華氏七十度（摂氏二十一・二度）前後に上るため、今後改善策を講じることとし、昨十三日より暫時の間地上において御就寝、警報の発令があれば御文庫地下室へ御動座のことに変更される。

昭和十九年十二月十五日

午前三時十三分空襲警報発令につき、同十五分、皇后と共に御文庫地下室に御動座になり、朝まで過ごされる。

昭和十九年十二月二十日

午前零時四十分警戒警報発令につき、皇后と共に御文庫地下室に御動座になる。一時四十分警報解除につき、地上に戻られる。

昭和十九年十二月二十一日

午後九時十三分警戒警報発令につき、同二十六分、皇后と共に御文庫地下室に御動座になる。同四十五分警報解除につき、地上に戻られる。

昭和十九年十二月二十四日

午前二時より警戒警報が発令され、同三十五分より敵機一機が三回にわたり関東地方に進入、四時四十四分には空襲あり。同五十分、皇后と共に御文庫地下室に御動座になる。五時五分警戒警報解除につき、同十分地上に戻られる。

昭和十九年十二月二十七日

御文庫地下室に御動座

帝都空襲状況等の奏上

午後零時十五分空襲警報発令につき、同二十分、皇后と共に御文庫地下室に御動座になる。米軍爆撃機約五十機により、帝都西北部に爆弾・焼夷弾の投下あり。二時十五分空襲警報解除につき、同二十分地上に戻られる。夜、侍従武官尾形健一より空襲に対する戦果につき奏上を受けられる。

昭和十九年十二月二十八日

御文庫地下室に御動座

午後三時四十五分空襲警報発令につき、皇后と共に御文庫地下室に御動座になり、五時まで過ごされる。四時五十七分、空襲警報が解除される。午後八時、警戒警報が発令される。その後、敵機の帝都侵入により我が軍の高射砲が発射されたことに伴い、九時十分より同三十五分まで、皇后と共に再び御文庫地下室に御動座になる。十一時十分、警戒警報が解除される。

昭和十九年十二月三十日

午前一時警戒警報発令につき、二時二十七分より同四十五分まで、皇后と共に御文庫地下室に御動座になる。その後三時三十七分、再び警戒警報発令につき、四時、御動座を開始されるも、同五分警報解除につき、途中にて戻られる。

昭和十九年十二月三十一日

節折の儀
午後一時五十八分、御文庫附属室に出御され、節折の儀を行われる。午後九時四十二分警戒警報発令につき、同五十五分より十時十二分まで御文庫地下室に御動座になる。

昭和二十年一月一日
空襲警報
四方拝
御文庫において新年を迎えられる。前夜より警戒警報発令中のところ、午前零時五分、空襲警報発令につき、同十分より同三十分までの間、皇后と共に御文庫地下室に御動座になる。午前四時五十分、再度警戒警報発令につき、五時、御文庫地下室に御動座になる。警戒警報解除後、軍装にて御文庫前庭に出御され、真薦を敷き、屏風四隻を以て囲んだ仮設の御座において、同四十分より四方拝を行われる。

昭和二十年二月十日
警戒警報発令につき、午前十時四十三分から同四十八分までの間、皇后と共に御文庫地下室に御動座になる。午後二時十四分、空襲警報発令につき、同十五分から四時五分までの間、再び皇后と共に御動座になる。（第九）

『木戸幸一日記』

昭和二十年

一月二十七日　御文庫地下防空室にて拝謁

二月二十五日　御文庫地下室にて拝謁す。

（一一六八、一一七三頁）

『戦藻録』　宇垣纏

昭和二十年二月十二日

○九自宅発野村参謀随従参内す。敵一機来襲警戒警報出で、吹上御苑内の防空殿に於て拝謁仰付けられ親しく

此度はご苦労である

の御言葉を拝するの光栄に浴す。恐懼感激の至なり。終って賢所参拝あり任務達成を神前に誓ふ。

（四五八頁）

『徳川義寛終戦日記』

昭和二十年二月十六日

空襲　一〇・四八―十二・〇五　御動座　一〇・五〇―四・四〇　お昼食は地下。

昨夜当直のため、朝御文庫にて前一〇・〇頃まで地下で奉仕。

（一五九頁）

『昭和天皇実録』

昭和二十年二月十七日
　空襲警報のため新年祭御拝礼お取り止め
昨日来、警戒警報発令中のところ、午前七時四十分空襲警報発令につき、同四十五分から十時五十五分までの間、皇后と共に御文庫地下室に御動座になる。よって、祈年祭における御拝礼はお取り止めになり、侍従徳大寺実厚に御代拝を仰せ付けられる。午後零時二分空襲警報発令につき、同十七分まで、再度、皇后と共に御文庫地下室に御動座になる。

昭和二十年二月十九日
　御下問及び奉答
牧野の奏上に対し、ソ連邦及び延安政権に対する米国の近時の態度が一時の便宜主義に基づくや否やにつき御下問になる。牧野より米国の反共根本理念には変化なしと考える旨の奉答中、午後二時三十八分警戒警報発令につき、賜謁をお取り止めになる。御文庫に還御途中の同四十分、空襲警報発令につき、着御後、直ちに地下室に御動座になり、四時まで過ごされる。空襲により日比谷・銀座方面を含む帝都各地に被害が生じる。

昭和二十年二月二十四日
土曜日定例御相伴中の午後六時五十分、警戒警報発令につき、七時より同五分までの間、皇后と共に御文庫地下室に御動座になる。午後九時十五分、再度警戒警報発令につき、同二十五分より同四十分までの間、皇后と共に地下室に御動座になる。

空襲のたびごとに、いかにしばしば御動座されたかがよく分かります。いよいよ空襲の被害が宮城にも及んできます。

昭和二十年二月二十五日

午前七時四十分空襲警報発令につき、御目覚直後の同四十五分より十時四十分までの間、皇后と共に御文庫地下室に御動座になる。午後二時十五分再び空襲警報発令につき、直ちに皇后と共に御文庫地下室に御動座になり、四時七分まで過ごされる。午後の御動座の間、内大臣木戸幸一をお召しになる。

宮城・大宮御所等の空襲被害

午後の空襲により、秩父宮邸庭園、及び大宮御所守衛隊司令部本館等に爆弾が落下する。大宮御所においては陸軍少尉古賀辰巳ほか四名戦死につき、祭粢料を下賜される。また、天皇・皇后・皇太后より戦死者遺族に弔慰料を下賜される。さらに宮城内にも各所に焼夷弾が落下し、女官官舎の一部その他に火災が発生、警視庁消防士補松原増一死亡につき、天皇・皇后より遺族に弔慰料を下賜される。

午後四時十七分、御文庫において宮内大臣松平恒雄より空襲被害につき御機嫌伺いを受けられる。また、各皇族又は御使が御見舞のため参殿する。五時、天皇・皇后の御使として皇后宮大夫広幡忠隆を大宮御所に差し遣わされる。六時、皇太后御使の皇太后宮大夫大谷正男が参殿、侍従長を通じて御機嫌を奉伺する。翌日、満州国皇帝溥儀より御見舞電報が寄せられ、即日答電を発せられる。

昭和二十年二月二十六日

杉山陸相の奏上

午前十時五分、表拝謁ノ間において陸軍大臣杉山元に謁を賜い、昨二十五日の空襲被害状況その他につき奏上を受けられる。なおこの日、稔彦王は、防衛総司令官として侍従武官長蓮沼蕃を通じて、宮城及び大宮御所の空襲被害につきお詫びを言上する。

昭和二十年二月二十七日

午前八時三十五分より警戒警報発令中のところ、敵機一機が帝都上空に侵入につき、十時五分より同十分までの間、御文庫地下室に御動座になる。

昭和二十年三月四日

午前八時四十分、空襲警報発令につき、同四十五分から十時五分までの間、皇后と共に御文庫地下室に御動座になる。

御文庫に内大臣木戸幸一をお召しになり、陸海軍の一元化問題につき御談話になる。

昭和二十年三月五日

この日未明、警戒警報発令につき、午前零時三十五分より一時二十五分までの間、皇后と共に御文庫地下室に御動座になる。

昭和二十年三月九日

木戸内大臣より外相との会談内容を言上

午前、御文庫に内大臣木戸幸一をお召しになり、一時間にわたり謁を賜う。内大臣は、陸海軍の統帥一元化の問題、戦争終結等を考慮した場合の国内体勢、側近の陣容その他に関する昨八日の外務大臣重光葵との会談内容を言上し、事態はいよいよ重大となりつつあり、万一の場合御覚悟を願い奉る。

昭和二十年三月十日

東京大空襲

昨日午後十時三十分より警戒警報発令中のところ、この日午前零時十五分空襲警報発令につき、直ちに皇后と共に御文庫地下室に御動座になり、三時十五分まで過ごされる。御動座の間、侍従武官より我が軍の仏印に対する武力発動につき上聞を受けられる。

この日、米軍B29戦略爆撃機の攻撃により、下谷区・浅草区・本所区・城東区を始めとして帝都各地に甚大な被害が発生する。宮城においては主馬寮事務所が全焼、御文庫屋上竹棚及び芝、吹上御苑広芝一帯、瓢池中の島御茶屋、観瀑亭前芝地、内苑南提芝地、石置場堤上外側芝地、平川門立番所後方芝地に火災が発生する。

空襲により賀陽宮邸全焼につき、恒憲王・同妃敏子及び王男子四方が宮城に避難し、十二日まで表拝謁ノ間に仮宿する。よって後日、天皇・皇后より賀陽宮に罹災の御見舞として金一万円を贈賜される。また、他の宮邸・離宮にも被害あり。山階宮邸東屋一棟、浜離宮内の御茶屋五棟が全焼、東久邇宮邸も延焼により罹災する。さらに、宮内大臣・内大臣の各官邸等が焼失する。

昭和二十年三月十一日

恒憲王に戦争終結に対するお考えを御内示

また恒憲王より今般陸軍大学校長に転補（明十二日甲府へ赴任）及び宮邸焼失に伴う御見舞いにつき御礼の言上を受けられる。ついで暫時の間、恒憲王と御対話になり、無条件降伏と戦争責任者の処罰以外は戦争終結の条件として考えられ得る旨を述べられる。

午後零時三十八分警戒警報発令につき、一時七分から二時までの間、御文庫地下室に御動座になる。

昭和二十年三月十八日

帝都空襲罹災地を御視察

去る十日の東京都内の空襲罹災地のうち、深川・本所・浅草・下谷・本郷・神田の各区を自動車にて御巡視になる。午前九時御出門、呉服橋より永代橋を進まれ、門前仲町を経て府社富岡八幡宮前において下車される。それより御徒歩にて参道を進まれ、九時十二分、本宮焼け跡前に仮設の御野立所に着御される。内務大臣大達茂雄・東京都長官西尾寿造・警視総監坂信弥・防空総本部次長熊谷憲一の奉迎あり。内務大臣は、卓上に設置の罹災地を朱色にて示した東京都白地図を利用し、被害状況等につき説明申し上げる。これに対して、復旧状況、及び被害者に対する処置につき御下問になり、救護措置については今後も万全を期するよう仰せになる。また、同所より付近の罹災状況を御眺望になる。九時二十五分、再び自動車に乗御、汐見橋・木場を経て東陽公園前において左折して北上し、小名木川橋上において下車され、約五分間にわたり周囲を御展望になる。さらに錦糸町を経て押上駅の手前において左折して西進され、駒形橋を渡り、田原町・稲荷町から上野駅前・仲御徒町・広小路町・湯島切通坂、昌平坂を御視察になる。御視察の間、沿道の片づけをする軍隊、焼け崩れた工場や家屋の整理に当たる罹災民に御眼を留められ、しばしば自動車を徐行せしめられる。その後、神田淡路町・小川町・美土代町・神田橋・大手町を進まれ、十時、還幸される。途中、車中において侍従長藤田尚徳に対し、焦土と化した東京を嘆かれ、関東大震災後の巡視の際よりも今回の方が遥かに無惨であり、一段と胸が痛む旨のご感想を述べられる。左の御製あり。

戦のわざはひうけし国民をおもうこころにいでたちてきぬ

昭和二十年五月二十四日

吹上御苑及び各皇族邸の空襲被害

午前一時三十六分、空襲警報発令につき、同四十五分より、午前四時まで御文庫地下室に御動座になる。都内各区に被害が及び、吹上御苑の駐春閣、東久邇宮鳥居坂御殿、北白川宮邸洋館、伏見宮若宮（博明王）居室、閑院宮・朝香宮の各職員官舎等が消失する。罹災の伏見宮・東久邇宮・北白川宮に対しては。後日、天皇・皇后より御見舞いとして金一万円をそれぞれ贈賜される。

午前十時三十分より十一時まで、皇后と共に駐春閣の焼け跡を始め吹上御苑内の焼夷弾落下箇所等を御覧になる。午後四時十二分、御文庫において内務大臣安倍源基に謁を賜い、今暁の空襲被害につき奏上を受けられる。この日の空襲による宮城及び赤坂離宮一部の被害に対し、満洲国皇帝溥儀より親電が寄せられ、翌二十五日に答電を発せられる。（第九）

『背広の天皇』　甘露寺受長

宮中の御殿も、二十年五月二十五日の空襲で焼失した。直撃弾を受けたのでなく、山手方面の大火災の飛び火だったのである。

陛下も戦災者におなりになった。そして、半年前に軍の手で急造された地下一階、地上一階の防空壕を、日常のお住まいにも、ご政務室にも、また拝謁や御前会議にもお使いになった。（＊御文庫を御文庫附属室と混同か）（二三四頁）

『昭和天皇実録』

昭和二十年五月二十六日

帝都空襲

宮殿焼失

大宮御所等も全焼

昨二十五日午後十時二十三分、空襲警報発令につき、同三十六分より本日午前一時三十四分まで、皇后と共に御文庫地下室に御動座になる。米軍爆撃機が帝都に大挙来襲して爆弾並びに焼夷弾を投下し、甚大な被害をもたらす。午前一時頃、警視庁方面からの飛び火により正殿にも出火あり。直ちに皇宮警手より侍従候所に電話連絡が入る。その後、皇宮警察部・警視庁特別消防隊・近衛師団の主力が消火に尽力するも、五時頃、宮殿はわずかに御静養室を残して、灰燼に帰す。また大宮御所・東宮仮御所・青山御殿・霞関離宮が全焼し、秩父宮・三笠宮・閑院宮・東伏見宮・梨本宮・李鍵公の各邸も罹災する。天皇・皇后は、御見舞いのため侍従長藤田尚徳・皇后宮大夫広幡忠隆を大宮御所に、侍従小倉庫次を罹災の各宮邸に差し遣わされる。後日、天皇・皇后より罹災の各宮家に対し、御見舞金の贈賜あり。なお、防空活動従事中に殉職の皇宮警視鈴木五郎には祭資を、皇宮警部田中延義・同大藪寛には祭粢料を、天皇・皇后・皇太后よりそれぞれ下賜される。また、宮城・大宮御所等において守衛隊として服務中に戦死の陸軍少尉加藤澄夫・同中根博正以下十九名に対し、祭粢料を下賜される。さらに、宮城・大宮御所等において防護活動従事中に殉職の警視庁消防士池谷市平の遺族ほか十六名には天皇・皇后より、警視庁消防士福山章の遺族には天皇・皇后・皇太后より、同じく守衛隊として服務中に戦死の陸軍少尉加藤澄夫の遺族ほか十八名には天皇・皇后より、それぞれ弔慰料を下賜される。

今回の空襲による宮城及び大宮御所の被害者に対し、この日、満洲国皇帝溥儀より天皇・皇后・皇太后へお見舞い電報が寄せられ、翌二十七日には答電を発せられる。

昭和二十年六月二十八日
　皇太后御参内
　一昨日御誕辰《たんしん》の皇太后が本年初めて御参内になる。よって午前十一時二十八分、天皇は皇后と共に御文庫において御対面になる。御文庫における皇太后との御対面は本日を以て嚆矢とする。午餐御会食中の午後零時三十分警戒警報が発令されるも、一時十分解除される。御食後、皇后・皇太后とお揃いにて宮殿方面の焼け跡を御覧になる。
（第九）

昭和二十三年五月二十一日
　さらに皇室の一家団欒の御住居として赤坂離宮への御移居の提言、東宮大夫穂積重遠を更迭して新しい皇太子教育を行う必要性についての言上を受けられる。これに対し天皇は、（中略）また赤坂離宮には住居の設備がなく、居住のためには費用がかかるため、当分は御文庫のままで良い旨を仰せになる。
（第十）

『昭和史の天皇』
　お文庫は、一年と八か月かかって、昭和十七年の大みそかにでき上がった。そして翌十八年の一月八日、陛下がここにお泊りになったことが、一部の侍従の記録に残っている。竣工式から八日後、まだできあがったばかりである。壁もよくかわききってはいなかったろうし、調度類も、おそらくととのってはいなかったことだろう。（中略）せっかくみんなが一生懸命に造ってくれたのだから、とにかく泊まってみなければ、造った人にもすまない、そんなお気持ちで一夜を過ごされたのであろう。

陛下はその後二年近くの間、明治時代に造られた、奥宮殿の御常御殿をお住居に使っていらっしゃった。十九年にはいって、東京の制空権が次第に敵の手に握られるようになり、敵機の来襲がひんぱんになると、空襲の夜は危険なのでお文庫にお泊りになるようになったが、これは例外で、お住まいはあくまでも奥宮殿の方だった。だからお文庫への〝お引っ越し〟という表現を使うと、その日を、何年何月の何日ときめてかかるのは非常にむずかしい。空襲が激しくなるにつれて、何度かお泊りの場所をお文庫へ移され、それが次第にたび重なるようになって、いつの間にかお文庫を常の住居になさった、というのがほんとうのところだろう。

当時の侍従小出英経氏の日誌に記されていた「昭和十九年十二月十四日、今夜より聖上、地下室（お文庫のこと）にて御格子《みこし》（おやすみになること）」を、よりどころとするのが、もっとも妥当といえるのである。住みごこちは、（中略）皆が皆、異口同音に発した言葉は〝湿気が多すぎて〟ということだった。（中略）地上の部屋でさえこの始末だったのだから、地下室となると、さらにひどい条件となった。（中略）さらに下の地下二階になると、条件はさらにひどくなり、水がしみ出してきて床がビチャビチャになることもあった。

最初に懸念したとおり、採光という点になるとやっぱりぐあいが悪かった。（中略）日のさす範囲は「だいたいベランダまででした」ということになる。日当たりの悪い家というのは、生活の面でも、健康の面でも、よくないことはわかりきっているが、戦時下のお文庫の暖房設備は、数個の電気ストーブだけだったので、冬季になると寒さは身にしみてこたえた。（第一巻　一五二〜一五八頁）

『同　右』

昭和二十年には、吹上御苑の中に建てられた「お文庫」とよぶ防空建築に移っていた。ご政務は、宮内省庁舎の奥に建て増しされた第二期庁舎の一室でおとりになり、公式の行事、たとえば軍司令官の親補式、新編部隊への軍旗親授式、枢密院本会議などは表宮殿で行なわれていた。侍従の記録によると、この表宮殿で行なわれた最後の行事は（中略）、（五月）二十四日表御座所の奥向きの拝謁の間で行なわれた「麝香《じゃこう》の間伺候」の華族の拝謁となっている。明治宮殿が炎上したのは二十五日夜半から二十六日朝にかけてだから、陛下は、焼失の前日まで、宮殿での儀式にお臨みになっていたことになる。

（第一巻　一四〇頁）

『人間昭和天皇』　高橋紘

本格的に天皇皇后の避難が検討されたのは、昭和十七年（一九四二）四月のドゥーリットル空襲後、御文庫が完成してからのことだ。

侍従職日誌によると、天皇皇后は十月三日、試験的に御文庫に泊まった。それ以降十二月六日まで毎週土、日は〃テスト泊まり〃。その度ごとに空調の調整などがされた。昭和十八年一月八日から、工事や照宮の結婚などを除き、吹上御文庫が継続的に使用されている。

昭和十九年（一九四四）十二月、空襲に備えて表と奥宮殿の間にあった侍従室、内大臣府などが撤去された。天皇皇后の御座所も二期庁舎に移った。一階に侍従武官府、二階に御座所と侍従室、三階に内大臣府と侍医寮が入った。

職員用の防空壕も昭和十九年までの間、紅葉山や白鳥濠などに、十人から三十人用のものが二十二ヵ所掘られている。

（上　四七二頁）

『侍従長の回想』　藤田尚徳

陛下は午前八時半には表御座所に出て政務をみられ、夜はともすると九時、十時を過ぎることもあった。前年に急造された御文庫に御常御殿から移られたばかりで、生活にも不便が多かった。御文庫はコンクリート総建坪四百余坪あったが、大半は宮内省関係者の使用する室で、両陛下はわずか数室を使用なさっていたに過ぎない。

歴代御継承の剣璽もここに安置されていた。正殿横にあった総檜の和風の旧御殿にくらべて、御文庫はいかにも急造で趣きに乏しかったが、空襲の危険を考慮してお移りになったのだった。いかに戦時の生活とはいえ余りに質素で、初めて側近に仕える私にとっては、これが天皇の御住居かと思う程であった。

（一〇頁）

『日本のいちばん長い日』　半藤一利

警戒と機密保持のため、外来者はなにびとといえども直接御文庫にはゆけなかった。いったん宮内省にゆき、そこで宮内省の自動車に乗りかえておもむくことになっている。帰りはその逆をおこなうのである。

（五〇頁）

㈢　御文庫附属室

御文庫が使用されだしても、御文庫附属室の使用は遅れたようです。

空襲時の避難所も、第二期庁舎の金庫室、御文庫の地下室が多く使われたようです。

昭和一九年一一月二五日の新嘗祭、一二月三一日の節折《よおり》の儀は、空襲の恐れがあったせいかここで行なわれています。

空襲が激しくなるにつれ、段々と御文庫附属室が使用されるようになったようです。

避難時間が長くなるにつれ、御政務室として使用されたことも推測されます。但し、六月〜七月の第二期工事の期間中は使用されなかったかと推測されます。

昭和二〇年七月末に、第二期工事が完了してからは天皇臨御の御前会議はここで行なわれています。

昭和二〇年八月の動きについては、㈣でくわしくとりあげます。

『徳川義寛終戦日記』
昭和十九年十一月十七日
新嘗祭を吹上御苑の御文庫附属室で行わせられるにつき、下検分打合あり。配役定む。（一一六頁）

『**小倉庫次侍従日記**』

昭和十九年十一月二十三日

新嘗祭は吹上御文庫附属室にて執り行はせらる。　（一八二頁）

『**徳川義寛終戦日記**』

昭和十九年十二月三十一日

節折《よおり》の儀　后二・〇　御文庫附属室にて　（一三三頁）

『**昭和天皇実録**』

昭和十九年十一月二十三日

新嘗祭御文庫附属室を使用

午後五時四十五分、御文庫附属室出御され、新嘗祭夕の儀を行われる。八時二十五分入御される。十時四十分、再び御文庫附属室に出御され、暁の儀を行われる。翌二十四日午前一時入御される。本年の新嘗祭は防空の関係上、特に御文庫附属室に神嘉殿代を設けて行われる。

昭和十九年十二月三十一日

節折の儀

午後一時五十八分、御文庫附属室に出御され、節折の儀を行われる。神嘉殿前庭において大祓の儀が行われる。

昭和二十年六月二日

御文庫附属室における枢密院会議

御文庫より地下隧道をお通りになり、午前十時五七分、御文庫附属室に開催の枢密院会議に臨御される。（中略）十一時十五分、入御される。なお、親臨の会議室としての御文庫附属室の使用は、本日を以て嚆矢とする。（第九）

『入江相政日記』

昭和二十年六月二日

九時半首相拝謁。十時よりの枢密院本会議は吹上の附属室で始めて行はせられる。それが段々に遅れて十時半になって了ふ。連絡道から成らせられる。（第一巻　四二八頁）

(四) 昭和二十年八月の(一)(二)及び(三)

昭和二〇年八月九日午後一一時五〇分から、天皇臨御のもと御前会議が開催されました。終わったのは、日付が変わった八月一〇日午前二時二〇分でした。(※木戸幸一日記による)ご聖断により、ポツダム宣言受諾が決定されました。「天皇ノ国家統合ノ大権ヲ変更スルノ要求ヲ包含シ居ラザルコトノ了解ノモトニ右宣言ヲ受諾ス」という条件がつけられました。

さらに、八月一四日一〇時五〇分からお召しによる御前会議が再度開催され、再びご聖断により、ポツダム宣言の受諾が最終決定されました。

八月一五日は一一時二〇分から、御文庫附属室で枢密院本会議が開かれていましたが、正午前後は中断され、天皇は御休所で、会議出席者(平沼騏一郎議長を筆頭に枢密顧問官一四名と政府側から鈴木首相、東郷外相、村瀬法制局長官の三名)は会議室の外の廊下に整列し玉音終戦放送を天皇と共に拝聴しました。

『昭和天皇実録』

昭和二十年八月三日

御動座を御文庫附属室とする

侍従長藤田尚徳より、今後、空襲警報発令の際には御文庫附属室へ御動座を願うことにつき言上を

受けられ、御聴許になる。　（第九）

『ある侍従の回想記』　岡部長章

昭和二十年八月六日

本省の侍従職庶務課の当直属官に大本営壕の用意をするよう手配しました。（この壕の使用は、統帥部から侍従職に一任されていました）（中略）

不安は的中しました。十数分後にまた非常警報が鳴り出し、私が急いで御前に出ると、両陛下ともに大本営地下壕に向かわれるためにすぐお出ましになりました。夜中によくお聞き届けくださったと、ありがたく思いながら、ぎしぎしと鳴る床板を踏んで、地下壕の一室にご先導し、両陛下をお部屋にご案内すると、入り口の鉄の扉を直ちに閉めました。お供した侍従長や女官長などとともに、私たちは手前の廊下の木のベンチに一列に腰かけました。廊下のもう一方の端につけられた鉄の扉は、ご警衛の内舎人によって閉められ、やっと一息ついた思いがした（後略）　（一七五～一七六頁）

『徳川義寛終戦日記』

昭和二十年八月八日

御文庫附属室への御退避は御気がおすすみにならなかったが、甘露寺次長申し上げて、お入りと決まる。後三・〇―五・〇空襲警報発令され防空室へお退避。　（二五三頁）

『昭和天皇実録』

昭和二十年八月八日

初めて御文庫附属室に御動座

午後三時五十五分、空襲警報が発令される。四時二十四分、皇后と共に初めて御文庫附属室に御動座になる。五時五分空襲警報が解除され、同二十三分、御一緒に御文庫に　還御される。

東郷外相より戦争終結を決すべきことを奏上

速やかなる戦争終結を御希望

午後四時四十分、御文庫附属室において外務大臣東郷茂徳に謁を賜い、昨七日傍受の新型爆弾に関する敵側の発表とその関連事項、及び新型爆弾の投下を転機として戦争終結を決すべき旨の奏上を受けられる。これに対し、この種の兵器の使用により戦争継続はいよいよ不可能にして、有利な条件を獲得のため戦争終結の時期を逸するは不可につき、なるべく速やかに戦争を終結せしめるよう希望され、首相へも伝達すべき旨の御沙汰を下される。外相は拝謁後、首相に御沙汰を伝達し、最高戦争指導会議構成員会議の招集を申し入れる。　（第九）

『木戸幸一日記』

昭和二十年

八月八日　　四時空警、御文庫附属室に御供す。

八月九日　十一時五十分より翌二時二十分迄、御文庫附属室にて御前会議開催せられ、聖断により外務大臣案たる皇室、天皇統治大権の確認のみを条件とし、ポツダム宣言受諾の旨決定す。

八月十日　九時五十分より十時十分迄、御文庫附属室にて拝謁す。

重臣を御召あり。平沼、若槻、岡田、近衞、廣田、東條、小磯の七氏参内、午後三時三十五分より四時半の間御文庫附属室にて拝謁、余も参列す。各人より意見を言上す。

八月十二日　三時より五時二十分迄、皇族の御会同を御文庫附属室にて行わせらる。

八月十五日　十時十分より十時半迄、御文庫にて拝謁。

十時五十分、鈴木首相参内、御文庫にて面談。

正午、陛下御自ら詔書を御放送被遊。感慨無量。只涙あるのみ。

二時五十分より三時半迄、御文庫にて拝謁。

鈴木首相参内、内閣総辞職を決行、辞表を奉呈す。

（下巻　一二二二〜一二二六頁）

『昭和天皇実録』

昭和二十年八月九日

午前八時十五分警戒警報発令につき、、同二十分より同四十分までの間、皇后と共に御文庫附属室に御動座になる。

木戸内大臣に鈴木首相との協議を御指示

午前九時五十五分、御文庫に内大臣木戸幸一をお召しになる。内大臣に対し、ソ聯邦と交戦状態突入につき、速やかに戦局の収拾を研究・決定する必要があると思うため、首相と十分に懇談するよう仰せになる。十時五十五分、再び御文庫に内大臣をお召しになる。内大臣は、首相より本日午前十時三十分に開催の最高戦争指導会議においてポツダム宣言に対する態度を決定したきことを聴取した旨を言上する。

午前十時、御文庫において海軍大臣米内光政に謁を賜い、奏上を受けられる。

午後一時四十五分より二時五分まで、御文庫において陸軍大臣阿南惟幾に謁を賜う。陸相は二時三十分開会の閣議において、本日午前十一時三十分、長崎に新型爆弾が投下されたことを報告する。

（第九）

『徳川義寛終戦日記』

昭和二十年八月九日

出席者相次いで御文庫東口へ来り、直ちに附属室へ案内す。附属室内会議室でお待ち申し上げる。

会議は〇・〇三－二・二五（八月十日暁）親臨の下開かれた。

（二五七頁）

『侍従長の遺言』　徳川義寛

（＊昭和二十年八月九日〜十日）《出席者全員御文庫東口に来り、直ちに附属防空室へ案内、室内でお待ち申し上げる。

零時三分〜午前二時二十五分（八月十日暁）、御前会議。ご服装は陸軍御略装、手袋。会議終了後の上奏物は議決の形式をとらなかったため翌日に。》

通常は、決定した議題は会議が済んだ後にすぐ上奏物として上って来るが、陛下の「御聖断」となって議決の形式をとらなかったので翌日回しとなったのです。

最高戦争指導会議メンバーではない平沼騏一郎《きいちろう》枢密院議長を引っ張り出したのは、枢密院の諮詢が必要な重大会議である、との建前とは別に、平沼さんに和平を主張してもらうためだったのです。そうでないと和戦同数にするためには鈴木総理も和平派として態度表明をせねばならず、陛下に「聖断」を仰ぐ議長役から降りなければならない。梅津美治郎《よしじろう》さんも阿南惟幾《これちか》さんも軍の下の方から監視されて主戦論で引くに引けないのですから。阿南さんは徹底抗戦を強硬に主張したとはいえ、この後、最終的には終戦の詔書に署名しました。

ポツダム宣言受諾の「聖断」が下った御前会議が終わり、出席者は附属防空室から出口の御文庫東口に出て来ましたが、私が東口に控えていると、吉積正雄陸軍軍務局長が鈴木さんに「取り返しがつかない」と言いながら食ってかかった。

このとき吉積さんは、「総理、話が違うではないか」と言ったと伝えられているようですが、私が聞いたのは「取り返しがつかない」というような言葉でした。御文庫の中へ向かう鈴木さんについて吉積さんも一緒に奥に入ったら大変だ、「止めねば」と身がまえたら、その瞬間、後から出て来た阿南さんが止めてくれた。阿南さんは「吉積、もうよいではないか」言ったと伝えられていますが、私は阿南さんの言葉までは覚えていません。

御前会議の開始時刻は九日午後十一時四十分、とか五十分などとされていますが、当直侍従の私は十日の「零時三分開始」と記録しています。出席者はかなり前にそろったが、陛下のご臨席を待つ間に日付が変わっていた。まあ、一連の流れではあるけれども、一人が記憶で書くと、ほかの人もひきずられて、それが「史実」となってしまうんでしょうね。

（九二〜九四頁）

『徳川義寛終戦日記』

昭和二十年八月十日

附属室会議室へお出まし、お供、侍従長、三井・戸田

（二五九頁）

『侍従長の回想』　藤田尚徳

八月十日、九時過ぎには御文庫附属室に出御になり、九時五十分には木戸内府を召されて宣言受諾後の善後措置について御下問になっている。

（一三四頁）

『側近日誌』　木下道雄

（昭和二十年）八月十日午前零時三分（侍従小出英経の「宮内官手帳」による）、吹上御苑の地下防空壕にある大本営附属室で御前会議が始まった。本土決戦を主張する陸相阿南惟幾らと、戦争終結派の外

相東郷茂徳らの意見が三対三、天皇の「聖断」でポツダム宣言の受諾となった。

（二六二頁・高橋紘解説）

『昭和天皇実録』

昭和二十年八月十日

最高戦争指導会議に臨御

午前零時三分、御文庫附属室に開催の最高戦争指導会議に臨御される。出席者は、内閣総理大臣鈴木貫太郎・枢密院議長平沼騏一郎・海軍大臣米内光政・陸軍大臣阿南惟幾・外務大臣東郷茂徳・参謀総長梅津美次郎・軍令部総長豊田副武、及び陸軍省軍務局長吉積正雄・海軍省軍務局長保科善四郎・総合計画局長池田純久・内閣書記官長迫水久常にて、侍従武官長蓮沼蕃が陪席する。会議ではポツダム宣言の受諾につき、天皇の国法上の地位存続のみを条件とする外務大臣案（原案）と、天皇の国法上の地位存続、在外軍隊の自主的撤兵及び内地における武装解除、戦争責任者の自国における処理、保障占領の拒否の四点を条件とする陸軍大臣案とが対立して決定を見ず、午前二時過ぎ、議長の首相より聖断を仰ぎたき旨の奏請を受けられる。天皇は、外務大臣案（原案）を採用され、その理由として、従来勝利獲得の自信ありと聞くも、計画と実行が一致しないこと、防備並びに兵器の不足の現状に鑑みれば、機械力を誇る米英軍に対する勝利の見込みはないことを挙げられる。ついで、股肱の軍人から武器を取り上げ、臣下を戦争責任者として引き渡すことは忍びなきも、大局上三国干渉時の明治天皇の御決断の例に倣い、人民を破局より救い、世界人類の幸福のために外務大臣案にてポツダム宣言を受諾することを決心した旨を仰せになる。午前二時二十五分入御される。終わって内大臣木戸幸一をお召しになり、聖断の要旨を御内話になる。三時、御格子になる。（中略）

午前七時三十九分、空襲警報が発令される。その後、敵機の編隊が帝都侵入との情報接到につき、九時四十分より十時四十七分までの間、皇后と共に御文庫附属室に御動座になる。この間、同所に内大臣木戸幸一をお召しになり、ポツダム宣言受諾の善後措置につき御下問になる。十時五十分、空襲警報は解除される。（中略）

重臣より時局意見を御聴取

午後三時三十分、御文庫附属室に元内閣総理大臣の若槻礼次郎・岡田啓介・平沼騏一郎・近衛文麿・広田弘毅・東条英機・小磯国昭をお召しになる。内大臣木戸幸一を加え、一時間余にわたり各員より時局に関する意見を御聴取になる。終わって、再び内大臣をお召しになる。

梅津参謀総長の奏上

午後五時三十分、御文庫において参謀総長梅津美治郎に謁を賜い、戦況の奏上、並びにソ連邦の対日参戦に伴う関東軍総司令官及び第五方面軍司令官の任務等につき上奏を受けられる。その間の五時三十七分、警戒警報発令につき、一旦賜謁を中断し、同四十五分より御文庫地下室に御動座になり、改めて参謀総長に謁を賜う。賜謁後、六時五分まで地下室にて過ごされる。同十分、警戒警報は解除される。

（第九）

『昭和を語る』　財団法人昭和聖徳記念財団

日本政府が国体護持のみを条件にポツダム宣言受諾を決定したのは八月十日午前二時半、御前会議においてであった。このとき加瀬さん（＊加瀬俊一・元国連大使）は御文庫（戦争中の昭和天皇の住居だったところ）近くの地下、大本営附属室の隣（＊次室のことか）に詰め、東郷外相から御前会議の模様を逐一聞いていた。「むしむしした暑い部屋で、蚊に悩まされた」という。「天皇ノ国家統合ノ大権ヲ変更スルノ要求ヲ包含シ居ラザルコトノ了解ノモトニ右宣言ヲ受諾ス」という回答文を英語で起草したのも加瀬さんだった。

（五二頁）

『昭和天皇実録』

昭和二十年八月十一日

戦争終結の詔書御朗読ノラジヲ放送を御聴許

夕刻、御文庫に内大臣木戸幸一をお召しになり、五十分余にわたり御用談になる。その際、内大臣より、天皇御自らラジオを通じて戦争終結の詔書を放送されること等につき願い出を受けられ、何時にても実施すべき旨を仰せになる。また、情勢の変化に伴う皇太后の軽井沢行啓を如何にすべきとの御下問あり。

昭和二十年八月十二日

午前零時十二分空襲警報発令とともに、新型爆弾搭載の米軍爆撃機B29侵入との情報接到につき、直ちに皇后と共に御文庫附属室に御動座になる。同三十分、空襲警報解除につき、御文庫に還御される。

バーンズ回答の発表

本日未明、サンフランシスコ・ワシントンからのラジオ放送を通じて、帝国政府のポツダム宣言受諾申入れに対する米英ソ支四国政府の回答が米国国務長官ジェームス・バーンズの在米スイス国公使宛書翰（いわゆるバーンズ回答）の形式にて発表される。午前零時四十五分、外務省ラジオ室はサンフランシスコ放送を傍受し、早朝までにバーンズ回答の邦訳文を作成する。また、陸海軍、同盟通信社もバーンズ回答を入手する。なお、正式な回答文はスイス国政府を経由して、本日午後六時四十分に外務省に到着する。その邦訳文は左のとおり。（略）

皇族王公族に対し終戦の決意を御説明

午後三時二十分、御文庫附属室に宣仁親王・崇仁親王・恒憲王・邦壽王・朝融王・守正王・春仁王・鳩彦王・盛厚王・恒徳王・李王垠・李鍵公をお召しになり、現下の情況、並びに去る十日の御前会議の最後に自らポツダム宣言受諾の決心を下したこと、及びその理由につきご説明になる。守正王は皇族を代表し、一致協力して聖旨を補翼し奉るべき旨を奉答する。終わって、一同と茶菓を共にされ種々御会話になる。（後略）

（第九）

『徳川義寛終戦日記』
昭和二十年八月十二日
三・二〇―五・二〇皇王公族お召
お文庫附属室でお申渡し、お話あり。
（二六一頁）

『雲の上、下　思い出話』竹田恒徳
終戦のご聖断
水を打ったような静けさの中で、日本の運命が有史以来の重大な変革を迎えようとしていた。

昭和二十年八月十二日の午後三時、皇族会議の召集があり、私はうだるような暑さの中を、皇居吹上御苑の地下防空壕内の会議室へ急いだ。

高松宮、三笠宮、久邇宮、賀陽宮、梨本宮、朝香宮、東久邇宮など、各皇族が沈痛な面もちで身なりを正す中に、お出ましになられた天皇陛下は正面の玉座に就かれた。

大元帥服をご着用なされた陛下の、大変に緊張されたご様子を拝した瞬間、私は思わず目を伏せた。

しばらくお目にかからない間に、なんと深いご心労を宿されたことか。侍従長、藤田尚徳海軍大将の回想録によると、この時期、陛下は通常の十七貫（六三・七五キロ）から十五貫（五六・二五キロ）にまでお痩せになっていたとある。

しばらく無言で、じっと私たちを見渡された後、陛下は荘重に、次のようなお言葉をたまわった。

「これ以上戦いを続けることは、わが国を焦土と化し、国民に大変な苦難をかけることになる。自分としては、国民をこれ以上苦しめることは、到底忍び得ない。また国を焦土と化すことは、ご先祖に対して申し訳がない」

陸軍中佐で第一総軍参謀であった私は、戦争がもはや、最悪の局面に達していることを、よく承知していた。

この年の四月、わが領土の一角、沖縄はアメリカ軍の手に落ち、七月二十六日には、日本の無条件降伏を求めるポツダム宣言が発せられている。八月に入ると広島、長崎に原子爆弾が投下され、ソ連も参戦、いまや本土決戦という、絶望的な戦況を迎えようとしていた。

陛下はこみ上げるものを、そっと胸におさえておられるようなご様子で、しかし、不動のご決意をこめて、しっかりとお言葉を続けられた。

「私自身はどうなってもいいから、ここで戦争をやめるべきだと思う。私は明治天皇の三国干渉の時のご心労をおしのびし、ポツダム宣言を受けて、戦争をやめる決心をした」

私の背筋を、電流のような衝撃が走った。陛下は国民、国家のため、ご自身を投げ出しておられるのだ。

前途はさだめし過酷ないばらの道にちがいない。しかしながら、敗戦という未曽有の事態を陛下はあくまで毅然とした態度で、迎えようとされておられる。

「どうか、私の心中を了解してくれ。そしてこれからは日本の再建に、皆も真剣に取り組んでほしい」

皇族会議が開かれた吹上御苑の防空壕入り口（『雲の上、下　思い出話』p.15より）

とのお言葉で結ばれた。

これに対し、最年長の梨本宮さまが一同を代表して、次のようなご奉答をされた。

「陛下の御英断に謹んでお従いいたします。そして今後は国体の護持に全力を尽くします」

望みなき戦いは、陛下の御聖断をもって終結した。

この時期、軍部においては「降伏」などという言葉は、絶対口にできない禁句だった。

そのタブーを破られたのは、大本営海軍部におられた高松宮さまであり、最後のご決断を下されたのが天皇陛下であった。

ふだんはむしろ女性的にさえ思えるほど、お優しい陛下が、この日本存亡の際にお示しになった、不退転のご決意を秘められた荘厳なお姿を、私は生涯忘れることができない。

陛下が再び、私を召されたのは、終戦の翌日、八月十六日であった。　（一三～一六頁）

『**昭和天皇独白録**』

十二日、皇族の参集を求め私（＊昭和天皇ご自身）の意見を述べて大体賛成を得たが、最も強硬論者である朝香宮が、講和は賛成だが、国体護持が出来なければ、戦争を継続するか（と）質問したから、私は勿論だと答へた。

賀陽宮、東久邇宮、久邇宮は終始一貫、弱い意見であったが、賀陽宮は松平恒雄を排斥したり白鳥敏夫や徳富猪一郎を推薦したりする様な時には、本人自身の気持と違った事を口にした。

秩父宮は日独同盟は主張したが、その后病気となったので意見は判らぬ。

高松宮はいつでも当局者の意見には余り賛成せられず、周囲の同年輩の者や、出入の者の意見に左右され、日独同盟以来、戦争を謳歌し乍ら、東条内閣では戦争防止の意見となり、其后は海軍の意見に従われた、開戦后は悲観論で、陸軍に対する反感が強かった。

東久邇宮と朝香宮とは兄弟であり乍ら、終始反対の意見を持ってゐた。

この集会をお茶の后散会した。

（一五一〜一五二頁）

『**昭和天皇実録**』

昭和二十年八月十三日

午前、御文庫に内大臣木戸幸一をお召しになる。これより前、陸軍大臣阿南惟幾、前外務大臣重光葵が相次いで内大臣を訪問する。

御文庫において陸軍大臣阿南惟幾に謁を賜い、広島市（第二総軍司令部）より元帥陸軍大将畑俊六を招致することにつき言上を受けられる。

御文庫に参謀総長梅津美治郎・軍令部総長豊田副武をお召しになり、ポツダム宣言受諾をめぐって外交交渉中につき、航空進攻作戦を控えることをご希望になる。

御文庫に内大臣木戸幸一をお召しになる。これより前、内大臣は宮内大臣室において崇仁親王に拝謁し、時局収拾につき懇談する。

午後、御文庫において宮内大臣石渡荘太郎に謁を賜う。

バーンズ回答正式文の到着
最高戦争指導会議構成員会議
即時受諾論と再照会論の対立

昨日午後六時四十分、スイス国駐箚帝国公使発の公電により、バーンズ回答の正式文が外務省に接到につき、本日午前九時より最高戦争指導会議構成員会議が開催される。会議では、主に回答文の第一項並びに第四項をめぐって、外務・首相・海相が唱える即時受諾論と、陸相・参謀総長・軍令部総長が唱える再照会論が対立する。午後二時二十分、御文庫において外務大臣東郷茂徳に謁を賜い、昨日午後の閣僚懇談会以来のバーンズ回答をめぐる審議の状況につき奏上を受けられる。天皇は外相の主張に支持を表明され、首相にもその旨を伝えるよう仰せられる。

午後七時三十五分、御文庫に内大臣木戸幸一をお召しになる。暫時の後、崇仁親王と御対面になる。

『侍従長の回想』　藤田尚徳

（八月十四日）御文庫地下壕のこの会議室の扉は厚さ十センチもある堅固なもので、次室と仕切られていた。蓮沼武官長が侍立して、私は自室に控え、会議室の次室には当直侍従たちが控え、逐一私たちと連絡をとっていたのだが、この次室にまで御前会議出席者の声が聞えた。（一三八〜一三九頁）

『昭和天皇実録』

昭和二十年八月十四日

午前八時三十分、御文庫において内大臣木戸幸一に謁を賜い、米軍機がバーンズ回答の翻訳文を伝単（宣伝ビラ）として散布しつつありとの情報に鑑み、この状況にて日を経ることは国内が混乱に陥る恐れがある旨の言上を受けられ、戦争終結への極めて固い御決意を示される。引き続き、特に思召しを以て内閣総理大臣鈴木貫太郎及び内大臣に列立の謁を賜う（首相・内大臣の列立拝謁は従来その例なし）首相より今朝までの経過につき奏上を受けられる。さらに首相より、お召しによる御前会議の開催につき奏請を受けられ、これを御聴許になり、午前十時三十分よりの開催を仰せ出される。九時十五分より同三十七分まで、再び内大臣に謁を賜う。

午前八時五十八分、御文庫において参謀総長梅津美治郎に謁を賜い、ソ連邦の参戦に伴う支那派遣軍総司令官への命令につき上奏を受けられる。なお前夜、陸軍大臣阿南惟幾は軍事課長荒尾興功ほか陸軍将校五名よりクーデター計画を聴取し、その決行につき具申を受ける。この日午前七時、阿南陸相は荒尾軍事課長と共に梅津参謀総長に対し、本日午前十時より開催予定の御前会議の際、隣室まで押しかけ、侍従武官をして天皇を御居間に案内せしめ、他を監禁せんとするクーデター計画（兵力使用第一案）の決行につき同意を求めるが、参謀総長は宮城内に兵を動かすことを非難し、全面的に反対する。

杉山・畑・永野三元帥の意見を御聴取

午前十時二十分、御文庫に元帥陸軍大将杉山元、同畑俊六、少時遅れて参殿の元帥海軍大将永野修身をお召しになり、三十分にわたり謁を賜う。終戦の御決心をお示しになり、三名の所見を御下問になる。永野・杉山より、それぞれ国軍はなお余力を有し、士気旺盛につき、抗戦して上陸する米軍を断乎撃攘すべき旨の奉答をお聞きになる。ついで畑より、広島在勤のため昨今の状況を詳知せず、また担任正面の防御については遺憾ながら敵を撃攘し得る確信はなく、ポツダム宣言受諾に決した由につき已むを得ざるも、極力交渉により少なくとも十師団を親衛隊として残置できるよう努力すべき旨の奉答あり。三名の奉答に対し、戦争終結は深慮の末の決定につき、その実行に元帥も協力すべき旨を仰せになる。引き続き、内大臣木戸幸一をお召しになる。

御前会議

午前十一時二分、侍従武官長蓮沼蕃を従えられ、御文庫附属室に開催の御前会議に臨御される。最高戦争指導会議構成員の内閣総理大臣鈴木貫太郎・外務大臣東郷茂徳（兼大東亜大臣）陸軍大臣阿南惟幾・海軍大臣米内光政・参謀総長梅津美治郎・軍令部総長豊田副武、同会議幹事の内閣書記官長迫水久常・陸軍省軍務局長吉積正雄・海軍省軍務局長保科善四郎、閣僚として内務大臣阿部源基・大蔵大臣広瀬豊作・司法大臣松阪広政・文部大臣太田耕造・農商大臣石黒忠篤・軍需大臣豊田貞次郎・運輸大臣小日山直登・厚生大臣岡田忠彦・国務大臣桜井兵五郎・同左近司政三・同下村宏（兼情報局総裁）・同安井藤治のほか、枢密院議長平沼騏一郎・法制局長官村瀬直養・総合計画局長官池田純久が列席する。開会後、首相は前回の御前会議以後の最高戦争指導会議及び閣議の経過につき説明し、この席上において改めて無条件受諾に反対する者の意見を御聴取の上、重ねて御聖断を下されたき旨を言上する。ついで首相より指名の参謀総長・軍令部総長・陸相が、それぞれ連合国回答（バーンズ回答）への再照会論を主張する。

聖断

三名の意見言上後、天皇は、国内外の現状、彼我国力・戦力から判断して自ら戦争終結を決意したものにして、変わりはないこと、我が国体については外相の見解どおり先方も認めていると解釈すること、敵の保障占領には一抹の不安なしとしないが、戦争を継続すれば国体も国家の将来もなくなること、これに反し、即時停戦すれば将来発展の根基は残ること、武装解除・戦争犯罪人の差し出しは耐え難きも、国家と国民の幸福のためには、三国干渉時の明治天皇の御決断に倣い、決心した旨を仰せられ、各員の賛成を求めらる。また、陸海軍の統制の困難を予想され、自らラジオにて放送すべきことを述べられた後、速やかに詔書の渙発により心持ちを伝えることをお命じになる。十一時五十五分、入御される。

正午、御文庫に内大臣木戸幸一をお召しになり、御前会議の模様を述べられる。

午後一時五十七分より三時五分まで、御文庫に内大臣木戸幸一をお召しになる。

午後五時四十分御文庫において宣仁親王と御対面になる。

本日午後に開催の閣議において、御前会議の聖慮に基づき、帝国の方針に関する件、並びに大東亜戦争終結に関する詔書案その他の審議が行われる。帝国の方針に関する件は左のとおり決定される。

（略）

午後五時四十七分、御文庫において外務大臣東郷茂徳に謁を賜い、奏上を受けられる。また六時三分、同所において内閣総理大臣鈴木貫太郎に謁を賜い、奏上を御聴取になる。八時、内大臣木戸幸一をお召しになる。八時三十二分、御文庫に首相参殿につき、再び謁を賜い、帝国の方針に関する件の内奏、及び大東亜戦争終結に関する詔書の奉呈を受けられる。九時二十分、内閣上奏書類「帝国ノ方針ニ関スル件」を御裁可になり、詔書に署名される。閣僚の副署後、詔書は午後十一時、官報号外を以て左のとおり発せられる。ただし、国内向けの公表は、陸相の要望により翌十五日正午まで延期し、同時刻に玉音放送と新聞発表を同時に行うことが閣議において決定される。（略）

詔書御朗読の録音

警戒警報発令中の午後十一時二十五分、内廷庁舎御政務室にお出ましになる。日本放送協会により設営されたマイクをご使用になり、放送用録音盤作製のため、大東亜戦争終結に関する詔書（宮内省側にて浄書の御朗読用副本）を二回にわたり朗読される。宮内大臣石渡荘太郎・侍従長藤田尚徳・侍従三井安弥・同戸田康英・情報局総裁下村宏が陪席する。なお、録音盤（正・第二回録音　六枚、副・第一回録音　六枚）は、侍従徳川義寛により階下の侍従職事務官室の軽金庫に収納される。録音終了後、十五日午前零時五分、天皇は御文庫に還御される。同五十分、御格子。（第九）

『侍従長の遺言』　徳川義寛

陛下の玉音放送の録音は、（＊昭和二十年八月十四日）午後十一時半過ぎから宮内省二階の御政務室で行われ、私も立ち会いました。録音のことは侍従たちも武官には言わなかった。でもみんな重大なことが動いているということは感じていたようです。まあ悲壮な感じが出てよかったとも思いましたね。

録音が済んで陛下が御文庫に戻られたのが十五日午前零時五分。録音盤は一回分が六枚になりました。二個の缶に計十二枚を収め、木綿袋に入れたのを私が受け取り、皇后宮事務官室の軽金庫に隠しました。私は前の年から皇后宮職事務官を兼任していましたし、その部屋が侍従武官室の隣室でもあったからです。もっとも、騒ぎになってからも侍従武官たちは全然出て来なかったんですが。（一〇一頁）

『同　右』

（＊昭和二十年八月十五日）陸軍の人はこの時のことを「皇居乱入」というと嫌がる。近衛兵だから「乱入」じゃない、というわけなのです。

大金益次郎宮内次官が戸田康英侍従、三井安弥侍従を起こしたのが午前三時前。私が三井さんに起こされたのが午前三時。廊下に出て走り回っていたら石渡荘太郎《いしわたそうたろう》宮内大臣と出くわしたので、鹿喰清《ししくい》一、石川忠両秘書官、二宮護衛といっしょに本省地下の金庫室へ連れて行った。直通階段をずっと下りて、女官の荷物などが置いてあるところを通り抜けてしか行けない分かりにくい所でしたから。下の侍従職事務室からカギをとって来て四人を連れて行き、「外から五つたたいたら開けて下さい」と合図を決めて扉を閉めました。カギが無ければ中からしか開けられない。これが三時十分ごろでした。

この後、廊下で戸田さんに会ったら、木戸内大臣は三階の内大臣室で書類を破って便所へ流していたので侍医の部屋に隠したという。（中略）私は「それは危ない」と、すぐ木戸さんも金庫室へ連れて行った。これが三時二十分ごろ。木戸さんの日記には「四時二十分」とありますが、これは木戸さんの記憶違いなんです。（中略）

四時過ぎに本省に取って返し、兵士が呼び止めるのも構わず庁舎に入って、侍従武官室の中村俊久海軍武官に御文庫と連絡がとれたことを知らせた。ところが、武官は「静かにしてくれ」と言う。後から聞いた話ですが、庁舎の電話線はすべて切られていたが、ここの電話だけは有線で附属室電信室につながり、そこから超短波で海軍省の電信室につながっていたので、生きていたんです。しかも陸軍には聞かれない。室内で小声で電話をかけるのならいいんだが、電話がかかってくる音が外の兵士らに気づかれるとまずいと息を潜めていたんでしょう。この電話がついたのは八月初めだったのです。終戦後すぐ、八月十七日だか十八日に撤去したと聞いています。

「静かにしてくれ」と言うから、私は武官室を出たんですが、そこで、さっき呼び止めた兵士らがやってきて取り囲まれた。午前四時半ごろでした。

彼らは近衛の兵士で、侍従の私を斬るような気はない。「内大臣はどこにおられるか知りませんか」と穏やかに尋ねてきた。ところが、そこへ反乱首謀者らしい将校が三人来た。彼らは内大臣の部屋を探していたようです。私が答えないので、その将校の一人が、兵士らの後ろから「斬れ」と言った。私は「斬っても何にもならんぞ」と言い返した。入江さんは戦後、私が「斬るなら斬れ」と言ったと書いていますが、そんなことを言ったら、本当に斬られかねない。

その将校が「側近や大臣がけしからん。日本精神がわかっているか」と言うから、「日本を守っているのは君たち軍人だけではない。皆で力を合わせていくべきだ」と言い返した。

そこへ別の方向から来た一隊の兵士たちの中の軍曹が、突然、私の右頬をなぐりつけた。彼になぐり倒されていなかったら、斬られていたかもしれませんね。

この軍曹は若林彦一郎という名で、十年ぐらい後になって、知人の紹介で役所に訪ねてきました。いまは茶器の制作をしているとかで、家宝の古鏡を溶かして作ったという茶釜を置いていきました。

彼の話だと、彼らは玉音盤ではなく御璽を探していたそうです。反乱の首謀者らは、ニセの詔書でも作ろうとしていたんでしょう。(中略)

そうこうしているうちに、事態を知った東部軍管区司令官の田中静壱《しずいち》大将が副官を伴って乾門から乗り込んできた。司令官ですから、反乱軍の兵隊たちも最敬礼で通したのです。田中さんは、畑中少佐ら首謀者の将校にだまされていた近衛歩兵第二連隊の芳賀豊次郎連隊長に、森師団長が殺されたこと、命令はニセだったことを告げ、反乱軍の鎮圧に成功した。

午前五時過ぎになると、だいたい静まりました。（中略）

吹上では六時四十分ごろに陛下に事態をご報告したのですが、陛下が「武官長を呼べ」とおっしゃったので、三井さんが呼びに行く途中、七時ごろ、花蔭亭の近くの吹上正門のあたりで田中司令官と出会い、同じ車に乗って本省で蓮沼蕃侍従武官長を探しだして吹上に連れて行った。陛下には蓮沼さんから、反乱鎮圧を申し上げたそうです。

私が午前七時半ごろ潔斎から出て来ると、三井さんが木戸さん、石渡さんたちを金庫から出したところでした。石川秘書官は「朝食はどうしましょうか」と尋ねて、内大臣から「それどころか」と叱られた。まあ、それが秘書官の役目ですから。そう言う木戸さんの日記も、金庫に入ったのを四時二十分ごろと、一時間も間違えていることですし。

（一〇二〜一〇七頁）

『同　右』

（＊昭和二十年八月十五日）お文庫では、まず宮内大臣と木戸内大臣が午前八時二十分から四十分まで御前に上がり、続いて蓮沼武官長が「田中大将が来て（反乱を）抑えました」と報告したそうです。田中さんは御前に上らず、蓮沼さん一人が申し上げた。

私は御代拝を済ませ、午前十時から枢密院会議のため御文庫附属防空室のしつらえをしました。ラジオ放送が聴けるようにいろいろ準備をしたのです。

正午からの玉音放送は、枢密院会議を中断して陛下がラジオでお聴きになっているのを、枢密顧問官も廊下に並んで一緒に聴きました。前夜からの事情を知らないので、室内でいま読み上げておられるのかと思った人もおりました。

録音盤は、一時占領軍に提出し、戻って来ましたが、五年ほどで割れて使えなくなってしまいました。戦時中のことで、質も悪かったのでしょう。二通りのうちのひとつと、放送の時に取り寄せた米国製小型ラジオは、いまＮＨＫの放送博物館にあります。

反乱の首謀者の畑中少佐、椎崎二郎中佐は二重橋と坂下門の中間の芝生で自決しました。初めは賢所の近くで割腹しようとしたのですが、芳賀連隊長に「血で汚すな」と叱られ、皇居外に場所を移したと聞いています。

森師団長が殺され、阿南陸相もこの朝割腹。田中大将はこの日午後五時にお召しがあって吹上で陛下に拝謁し、私もその場に立ち会いました。が、後日、自決されました。阿南さんもさることながら、気の毒なの田中さんでしたね。

（一〇八～一〇九頁）


『入江相政日記』

昭和二十年八月十五日
午前十一時二十分枢密院本会議、於附属室、途中正午の御放送を拝聴、涙が出て出て仕様がない。
森近衛師団長は昨夜反乱将校の為に殺され、それを聞いた阿南陸相は責任を痛感して自刃した由。なかなか暑い。（中略）昨夜五十分しか寝ないので七時半頃には入床。
（第一巻　四四〇頁）

『徳川義寛終戦日記』

昭和二十年八月十五日

御文庫附属室内の御休所にR・C・Aのポータブルラジオを備えつけて、正午の放送を枢密顧問官にも拝聴出来るよう準備した。防空壕であるため、私はアンテナを長く延ばしてよく聞こえるようにしたのである。（中略）

十一・二〇小出侍従御先導、藤田侍従長の扈従で附属室内会議室に臨御になった。会議が終わったのは午后一・二五であったが、正午前後は（枢密院）会議が中止された。陛下は御休所にお入りになり、顧問官は吾々の控えていた会議室外の地下の廊下に整列した。（中略）地下室ではあったが、陛下のお声はラジオから流れ出した。顧問官は御放送を陛下の御前で拝聴したのである。
（二七七頁）

『聖断』　半藤一利

玉音放送が終わって、天皇は裸電球のゆらゆらしている地下道を通って、ご文庫に戻った。皇后と女官たちがこれを迎えた。

「ながみや（良宮）、ラジオを聴いたかね」と天皇は皇后に声をかけた。

「はい・・・・」とのみ皇后は答え、それから二人は重苦しい昼食をとった。
（三六六頁）

（＊作者の小説風推測あり）

『ある侍従の回想記』　岡部長章

昭和二十年八月十五日

二期庁舎の方へご徒歩で道灌堀を横切る近道を通って、陛下のお供をしました。

正午に、玉音放送が流れました。

陛下は枢密顧問官会議を一時中断し、御政務室でおひとりでお聞きになり、私は別の狭い一室で伺いました。放送を聞きながら、涙が流れて止まりませんでした。その涙を拭って、常侍官候所に戻ると、すぐにお召しのベルが鳴りました。

御政務室に出て、陛下のお顔をうかがうと、ご機嫌のいいときのお顔です。すでに陛下はお気持ちの整理をされていたのです。それで私もほっとしました。考えてみれば、玉音放送が終わった直後に最初に御前に出たのは、私だったのです。

（一九三〜一九四頁）

（＊この文によれば、昭和天皇は御政務室（第二期庁舎又は御文庫となる）で玉音放送を聞かれたことのようになりますが、岡部氏以外の証言は御文庫附属室とされており、岡部氏の思い違いのようです。岡部氏の文は「回想記」で、「日記」ではないことにも留意）

『昭和天皇実録』

昭和二十年八月十五日

陸軍一部将校のクーデター実行

反乱部隊の宮城占拠
田中東部軍司令官による事件鎮圧
枢密院会議に臨御
玉音放送を御聴取
鈴木内閣総辞職
稔彦王を後継首班候補とす
阿南陸相の自刃

陸軍省軍務課員らを中心とする一部の陸軍将校は、ポツダム宣言受諾の聖断撤回のため、近衛師団を以て宮城と外部との交通・通信を遮断するとともに、東部軍の兵力を以て要人を拘束、放送局等を占拠するクーデター計画（兵力使用第二案）を立案し、これを実行に移す。首謀者等は本日未明、近衛第一師団長森赳を殺害し、師団命令を偽造して隷下の各聯隊に発する。これにより、守衛定番の近衛歩兵第二聯隊（聯隊長芳賀豊次郎）主力の約二大隊が、午前二時を以て坂下門を閉鎖し、宮内省の紅葉山通信所その他の要所を占拠して宮城内の交通・通信を遮断、また皇宮警察の武装を解除し、且つ御文庫を包囲する。宮城へ乱入の将兵はさらに、情報局総裁下村宏・日本放送協会会長大橋八郎以下の総勢十八名を二重橋門内衛兵所に監禁し、放送用録音盤・御璽及び宮内大臣・内大臣を捜索する。三時過ぎ、事件発生に報を受けた侍従の案内にて、宮内大臣石渡荘太郎・内大臣木戸幸一は相次いで内廷庁舎御金庫室に避難する。同四十分ごろ、侍従徳川義寛・同戸田康英が宮内省庁舎より御文庫に赴き、当直侍従の入江相政・永積寅彦に対し、近衛兵が宮城を占拠し、電話線を切断したため、外部との連絡が途絶するも、録音盤及び宮内大臣・内大臣は無事である旨を連絡する。御文庫では、警衛警部が配置に就き、鉄扉が閉じられる。四時三十分、侍従武官より九三式超短波無線電話機を通じて海軍省に事態が通報され、ついで海軍省より東部軍管区にも連絡があり。通報を受けた東部軍管区司令官田中静壹は、五時十五分ごろ宮城内に入り、反乱の将兵に対して説得を試みる。説得を終えた東部軍管区司令官は七時頃、侍従の案内にて侍従武官長室に赴く。

天皇は午前六時四十分、御文庫において参殿の侍従三井安弥よりお目覚めの奏請を受けられる。三井より事件の発生につきお聞きになり、侍従武官長を召すよう仰せられる。侍従武官長蓮沼蕃は東部軍管区司令官と同道、御文庫に参殿、七時三十五分に単独にて拝謁し、事件の経過並びにその鎮圧につき奏上する。八時、天皇は侍従長藤田尚徳をお召しになり、事件の発生を嘆かれる。その後、侍従より事件解決の報を受けた内大臣・宮内大臣は、八時二十分、御文庫において拝謁し、御機嫌を奉伺する。なお、録音盤は、宮内省総務局長加藤進・同局庶務課長筧素彦により、午前十一時過ぎに内幸町の放送会館に運ばれる。午後五時二十分、御文庫に東部軍管区司令官をお召しになり、反乱事件発生のお詫びと鎮圧の経緯の言上を聴取される。司令官の処置を御嘉賞になり、今後の善処を期待する旨の御言葉あり。

午前十時十分、御文庫に内大臣木戸幸一をお召しになる。

午前十一時、御文庫において内閣総理大臣鈴木貫太郎に謁を賜う。同二十分、御文庫附属室に開催

の枢密院会議に臨御される。枢密院議長平沼騏一郎は、開会を宣した後、特に下賜された左の御沙汰を朗読する。（略）

首相より今回の措置については外相より説明すべき旨の発言あり。引き続き外相が、戦争終結に関連する国際情勢の推移、及びこれに伴う措置の詳細につき説明する。説明途中の十一時五十分、天皇は会議を中断し、会議場に隣接する御休所に移られる。正午、昨夜録音の大東亜戦争終結に関する詔書ラジオ放送をお聞きになる。放送は、放送員によるアナウンスに引き続き、君が代吹奏、情報局総裁によるアナウンス、詔書の御朗読、君が代吹奏、再び情報局総裁によるアナウンスの順序にて行われる　その後、放送員による詔書の朗読、内閣告諭の朗読、さらに関連ニュースが報じられ、午後零時三十八分頃終了する。枢密院議長以下の参列者は御休所外の廊下に整列して放送を拝聴する。午後零時十分より枢密院会議が再開され、外相の説明に引き続き、顧問官と外相との間に質疑応答、所見の開陳あり。午後一時二十五分、入御される。

午後、二回にわたり御文庫に内大臣木戸幸一をお召しになる。三時四十五分、御文庫に内閣総理大臣鈴木貫太郎をお召しになる。その際、首相より辞表の奉呈を受けられる。終わって内大臣をお召しになり、後継内閣首班の選定を御下命になる。内大臣より、今回は交通連絡等の極めて困難な状況に鑑み、重臣を集めることなく、枢密院議長平沼騏一郎と相談の上、奉答すべき旨の言上を受けられ、御聴許になる。六時三十三分、御文庫に内大臣をお召しになり、平沼と協議の結果、稔彦王を後継内閣の首班候補とし、侯爵近衛文麿をして補佐せしめることに意見が一致した旨の言上を受けられる。

本日午前五時三十分、陸軍大臣阿南惟幾（陸軍大将）が陸軍大臣官邸において自刃する。阿南は元侍従武官にして、天皇・皇后・皇太后より祭資並びに幣帛を下賜される。

この日、昨日の大東亜戦争終結に関する詔書の主旨を完遂するため、積極侵攻作戦を中止すべき旨の大陸命・大海令が発せられる。

昭和二十年八月十六日
鳩彦王・恒徳王・春仁王を外地派遣部隊へ御差遣
即時戦闘行動停止の命令
稔彦王に組閣を命じられる

午前九時十七分、御文庫において鳩彦王・恒徳王、遅れて参殿の春仁王と御対面になり、ポツダム宣言受諾の聖旨伝達のため、鳩彦王を支那派遣軍へ、恒徳王を関東軍へ、春仁王を南方軍へそれぞれ差し遣わすべき旨の御言葉を下される。三方はいずれも翌日に出発、鳩彦王は南京において、恒徳王は新京・奉天・京城において、春仁王はサイゴン・昭南においてそれぞれ関係部隊の指揮官に聖旨を伝達する。二十日午前に鳩彦王・恒徳王より、また二十五日午後に春仁王より、それぞれ復命を受けられる。

御文庫において参謀総長梅津美治郎に謁を賜い、即時戦闘行動の停止につき上奏を受けられる。暫時の後、軍令部総長豊田副武に謁を賜い、大海令の発出につき上奏を受けられる。この日午後四時、各軍司令官（第一総軍司令官、第二総軍司令官、関東軍総司令官、支那派遣軍総司令官、南方軍総司令官、航空総軍司令官、第五・第八・第十各方面軍司令官、第三十一軍司令官）・小笠原兵団長及び参謀総長に対し、自衛のためを除く戦闘行動を即時停止すべき旨の大陸命が発出される。同時に大海令を以て、南東方面艦隊司令長官・南西方面艦隊司令長官・海軍総司令長官に対し、指揮下海陸全部隊の自衛のためを除く戦闘行動の即時停止が命じられる。

午前十時二分、御文庫において内大臣木戸幸一に謁を賜う。引き続き、御文庫に稔彦王をお召しになり、内閣組織を命じられる。その際、帝国憲法を遵奉し、詔書により軍を統制し、秩序を維持すべき旨を仰せられる。午後一時五十二分、再び内大臣に謁を賜う。夜に入り、九時十五分、さらに内大臣に謁を賜い、組閣の経過につき言上を受けられる。

午前、御文庫において崇仁親王と御対面になる。夕刻、再び崇仁親王と御対面になる。

昭和二十年八月十七日

陸海軍人に対する勅語

皇太后御参殿

午前十時、表拝謁ノ間に出御され、海軍大臣米内光政、及び陸軍大臣代理の侍従武官長蓮沼蕃に謁を賜い、陸海軍人に対する勅語を賜う。

午後零時四十分、皇后と共に御文庫において、来る二十日より軽井沢へ行啓につき御暇乞いのため御参殿の皇太后と御昼餐を御会食になる。御食後、稔彦王参殿につき、皇后・皇太后と共に御対面になり、王より首相拝命の御礼言上を受けられる。天皇は午後二時二十分の表拝謁ノ間における親任式に出御の後、再び御文庫に戻られ、皇后と共に皇太后と御会話になる。ついで三時四十五分より四時まで皇太后を御文庫附属室にご案内になり、御庭を経由されて御文庫に戻られる。四時十二分、皇太后は御文庫を退出される。

昭和二十年八月二十九日

御退位による戦争責任者引渡し取止めの能否を御下問

総理大臣の奏上

御文庫において陸軍大臣下村定に謁を賜い、人事の内奏を受けられる。

午後、内大臣木戸幸一をお召しになり、一時間十分にわたり謁を賜う。その際、自らの退位により、戦争責任者の連合国への引渡しを取り止めることが出来るや否やにつき御下問になる。これに対して内大臣は、連合国の現在の心構えより察するに、御退位されても戦争責任者の引き渡し取り止めを承知しないであろうし、且つ外国の考え方は我が国と必ずしも同じではないため、御退位を仰せ出されることにより、あるいは皇室の基礎に動揺をきたした如く考え、その結果、共和制を始めとする民主的国家組織等の議論を喚起する恐れもあり、十分慎重に相手方の出方も見て御考究の要あるべき旨を奉答する。

夕刻、御文庫において内閣総理大臣稔彦王に謁を賜い、本日終戦処理会議において決定の近衛師団の改編と皇宮警察隊の設置等につき奏上をを受けられる。

先般、敵襲により近畿・中国・北陸の各地方において死者発生につき、天皇・皇后より内務大臣へ御救恤金を下賜される。　（第九）

(五) その他の特記事項

『**昭和天皇実録**』

昭和二十年九月二日

降伏文書調印式

重光・梅津全権に賜謁

午前九時、横須賀沖合に停泊の米国軍艦ミズーリ号艦上において降伏文書の調印式が行われる。全権重光葵（外務大臣）・同梅津美治朗（参謀総長）が参列する。連合国最高司令官ダグラス・マッカーサーの演説に引き続き、日本側の全権随員岡崎勝男より全権御委任状二通を提示、また随員加瀬俊一より詔書をマッカーサーに手交する。九時四分、重光が「大日本帝国天皇陛下及日本国政府ノ命ニ依リ且其ノ名ニ於テ」、引き続き梅津が「日本帝国大本営ノ命ニ依リ且其ノ名ニ於テ」、降伏文書にそれぞれ署名する。ついでマッカーサー以下の聯合国の各代表がそれぞれ署名する。終わってマッカーサーは、これを以て平和が回復されたこと、また神がこれを維持されんことを願う旨を述べ、九時二十分、調印式の終了を宣言する。

午後一時十三分、御文庫において内閣総理大臣稔彦王に謁を賜う。引き続き首相侍立のもと、重光・梅津の両全権に同三十二分まで謁を賜い、復命を受けられる。その際、卓上に置かれた降伏文書を御覧になり、両名に対して慰労の御言葉を賜う。本日午後、政府及び大本営は降伏文書、陸海軍一般命令第一号を発し、官報号外を以て布告する。

昭和二十年九月十五日
　御文庫御座所に剣璽移御
　空襲に対する憂慮解消につき、本日午後八時十分、御文庫地下室より御文庫御座所に剣璽の移御あり。

昭和二十年十一月三十日
　陸軍大臣最後の上奏
　帝国陸海軍の終焉
　午前九時三十五分、陸軍略装にて表拝謁ノ間に出御され、陸軍大臣下村定に謁を賜う。陸相より、明治建軍以来の歴史から今回の敗戦とそれに伴う軍隊の解散の経緯につき上奏を受けられる。天皇は落涙され、陸軍の歴史につき御感懐を述べられる。午後二時十五分、陸軍大臣下村定の依願免本官等に関する内閣上奏書類を御裁可になる。また、本日を以て陸軍省及び海軍省は廃止され、併せて参謀本部条例・軍令部令・元帥府条例・軍事参議院条例・侍従武官府官制等が廃止される。（第九）

四　付記

以上で昭和天皇の地下壕の建設の経緯と内部の構造や間取りについて、また戦時から終戦に至るまでの間、その果した役割などについての記録は終えますが、以上のほかに何点か取り上げたい資料もありますので付記致します。

(一) 御文庫のその後

まずは、御文庫のその後のことです。昭和二八年に一部増改築され、吹上御所に昭和三六年に移られるまで、天皇陛下は御文庫にお住まいでした。引用文に、昭和天皇のご性格がよく出ているようです。

『陛下、お尋ね申し上げます』高橋紘

記者　現在お住まいの御文庫は非常にお手狭のように伺っていますが。
天皇　公の仕事をするのには少し狭いのですが、私生活には少し押入れが足らない程度不自由はない。引揚者、戦災者の状況を考えてみると、今、家を作る時ではないと思う。(天皇夫妻は一九年秋から、三六年暮れまで住んだ。)(昭和二二年六月三日の会見記録)　(四六頁)

『同　右』

しかし居住性が悪く、陽は差さず陰気だった。急ごしらえの上、屋根に被弾に備えて湿気を含んだ砂を入れたため、室内はいつも湿っぽかった。天皇に改築の話をすると、「国民の住宅難が解決するまでは・・・・」と、遠慮する。それで、湿度のデータを取り、それを天皇に示したりした。

二八年七月から三ヵ月がかりで増改築工事をした。御文庫の両翼に二部屋ずつ建て増しをし、冷房装置も着けた。工費は約二千万円。しかしあくまで仮住まいであり、吹上御苑に新居を建てようということになった。

「私の住む所を建てるより、公的な宮殿を再建するのが理屈ではないか、と頑強におっしゃる。それほどまでいわれるのなら、と一時は断念することまで考えた」と、侍従長入江相政は、かつて私に語ったことがある。（中略）こうして、三五年七月、吹上御所の建設が始まった。

御所は鉄筋二階建てで延床面積は千五百平方メートル。外壁はクリーム色のタイル張りで、御文庫とつながっており、総面積は計四千平方メートル。家具、調度品などを含めた総建築費は、二億八千万円で、エレベーターも付けられている。完成は三六年一一月。

天皇夫妻の日常は洋風だが、皇后のために八畳の和室がひとつあり、〝学者天皇〟には使いやすい書庫が設けられた。

夫妻は新居で三七年の新春を祝った。（＊三六年暮れに引っ越された）　（一〇三〜一〇四頁）

㈡　空襲避難のこぼれ話

空襲避難のこぼれ話をひとつ。

甘露寺受長氏はいろいろな人のお話にもでてくるのですが、ユニークなお人柄だったようです。こぼれ話としてひとつ紹介します。

思わず、ほっとするようなお話です。

『侍従長の回想』　藤田尚徳

もちろんドーリットル隊の奇襲と、二十年春の空襲とでは、その破壊力も段違いだし、都民に与えた恐怖は問題にならない凄絶な火力であった。ところが、この非常事態になって、警報がでても、なかなか両陛下が待避所にお退りにならぬ。

「お上、警報でございます。待避所へどうぞお出まし下さい」

当直の侍従が、そう伝えても十分ばかり過ぎてからでないと両陛下が待避なさらぬ。地下防空壕は堅固だったが、急造だけに湿気が充分に抜けていない。壁や床が湿気をおびているので、陛下もお好みにならぬのであろう、側近ではそう解釈していた。

「お上、警報でございます。」

夜間の空襲が激しくなって、深夜も待避することが多くなった。だが、なお両陛下のお出ましは遅い。そこで侍従が、私に相談に来た。

「万一のことが起きては大変です。どうか侍従長から陛下に、お急ぎになるよう申上げて下さい」

もっとものことであるから、早速、御前にでて申上げた。すると陛下のお言葉は、

「侍従長、よくわかった」

こうであった。ところが、その後の空襲警報でも一向にお急ぎになる気配がない。これでは侍従長の言葉も効果がなかったと思わざるを得ない。そこで陛下に御忠告しやすい甘露寺受長氏から、きつく申上げることにした。甘露寺氏は侍従次長ということになっていたが、宮中でいう『勝手づとめ』侍従の元老格であった。大正天皇の御学友で、
また陛下にも長く侍従として奉仕した方である。

「お上、みなの心配をお考えいただかなければなりません。どうぞ急いで待避なさいますように・・・・・」

甘露寺氏の直言に、陛下はやや相好をお崩しになったように思う。

「うん、実はね、良宮《ながみや》が待避の準備に手間どるものだから・・・・・」

陛下は皇后さまをお待ちになっていたのであった。米軍機の爆音が、遠雷のように夜空に響くと、誰しもが我先にと防空壕にかけこんだものであった。こんな時にも陛下は、皇后さまの御準備を、いつもお待ちになっていたのである。管制をほどこした暗い燈火のもとでは、皇后さまの身じまいが遅くなるのも当然である。

甘露寺氏も、陛下のさりげない一言で、たじろがれた。だが、この方は独特のユーモラスな人柄だ

ったから、すかさず、

「皇后さまも、お急ぎいただかなければなりませぬ。もし、警報が鳴った時、皇后さまが裸でいらっしゃいましたなら、そのままでもよろしいではございませんか」

「裸でも・・・・・」とは、思い切った冗談であった。御前では誰もが言えぬ言葉であるが、皇后さまは、軽く受け流された。

「はい、仰せのとおりに致しましょう」

言葉には笑いがあった。皇后さまは陛下と顔見合わせてニコリとなさった。

この甘露寺氏のお願いから、両陛下の待避が早くなった。何くれとなく皇后さまをおかばいになり、その立場を尊重なさるのは陛下のご性格でもある。

（一四～一七頁）

㈢ 映画「日本のいちばん長い日」

映画「日本のいちばん長い日」は今まで二回公開されています。第一回目は昭和四二年（一九六七）八月三日、第二回目は平成二七年（二〇一五）八月八日です。

第一回目の監督岡本喜八さんのエッセイに「鈍行列車キハ60」があります。

その中で、この映画の反省点として二〇八頁に次のように書かれています。

「あの作品に欠けた部分と言えば、我々の身近な庶民が一人も出て来なかった事と、史実の再現にせい一杯で、あの日が何処から来たか？　史観からの追及が出来なかった事、である。」

第二回目の作品では、それなりに改善されていますが、私には、まだまだという感じがします。少なくとも、本書でも『昭和天皇実録』から引用していますが、昭和二〇年三月一八日の、昭和天皇の下町の大空襲被災地の視察シーンは入れてほしかったところです。昭和一〇〇周年（二〇二六年）には、さらに、より真相に近い迫力ある作品が公開されることを期待しています。

ところで、不思議なご縁と思いますが、監督の岡本さんは、亡父の、松戸の工兵学校と豊橋の予備士官学校の生徒さんでした。エッセイの中の、中隊長が父です。

その部分を付記しておきます。この部分はカタカナで書かれています。

『鈍行列車キハ60』

マタ、ソノ頃、飢エタル候補生タチノ間デ、反芻ガ流行リ始メタ。辞書ニ曰ク「反芻トハ、イッタン呑ミ下シタ食物ヲ再ビ口ニモドシ、サラニ噛ンデ呑ミ下スコト、例エバ牛ノ如シ」ソノ反芻デアル。例エバ牛ノ如テ《ママ》動物ニ近ヅキツツアッタ候補生タチハ、ヤハリ人間デアリタイト願ッテ、某日、恐レナガラト、区隊長殿ニ質問ヲ試ミタノダガ、「ソノ質問、品性下劣デアル、候補生ノ給与少ナキハ、困苦欠乏ニ耐エルノ精神を養ワンガタメナリ」デアッタ。

シカシ品性下劣ナ候補生タチハ、ヤガテ、困苦欠乏ニ耐エ切レナクテ、栄養失調症ニナリ、練兵休・入室・入院患者ガ激増シタ。トナルト中隊長殿モ見過ゴシニハ出来ズ、中隊全員ノ会食トナッタ。コノ日ノ給与ヤヤ良シ。

「カロリー計算充分ノ給与ニカカワラズ、栄養失調ニカカルノハ、ヒトエニ諸士ノ咀嚼技術拙劣ト見タ、中隊長コレヨリ手本ヲ示ス。マズ箸ヲトリ一口、口ニ入レル、ソコデ箸ヲ置キ四十七回噛メ、ソレヲ繰リ返ス、ヨオシ、食事始メェ！」

ダガ、私モ、ツイニ一週間ノ入室ヲシタ。軍医ノ付ケタ病名ハ「疑似赤痢」ダッタガ、学生時代ニ一度ヤッタ経験デハ、アレハ、栄養失調ニヨル慢性下痢ニ間違イナイ。

（一二三～一二四頁）

（＊候補生とは生徒、給与とは食事・栄養のことです。入室とは病室に入ることです）

五　参考資料

(一) 米軍側の宮城資料

『トレーシー　日本兵捕虜秘密尋問所』

太平洋戦争中に、米国陸軍情報部（ＭＩＳ）が作成した極秘スケッチが、ワシントンの国立公文書館に多数保管されている。

「皇居地域・東京市」とタイトルがついた一枚が、その中にある。

作成日は一九四五年（昭和二十年）一月二十四日。

これは皇居内の建物の配置を細かく記した図面であった。北側には現在の北の丸公園の部分もふくまれている。

建物には通し番号がふられ、全部で四十六か所の皇居の建築物と場所が手書きで示してある。驚くほど詳細かつほぼ正確な図面である。（一一二〜一一五頁）

（＊御文庫は45番　防空壕 BOMB　SHELTER と記載されています。御文庫附属室は把握されていなかったようです）

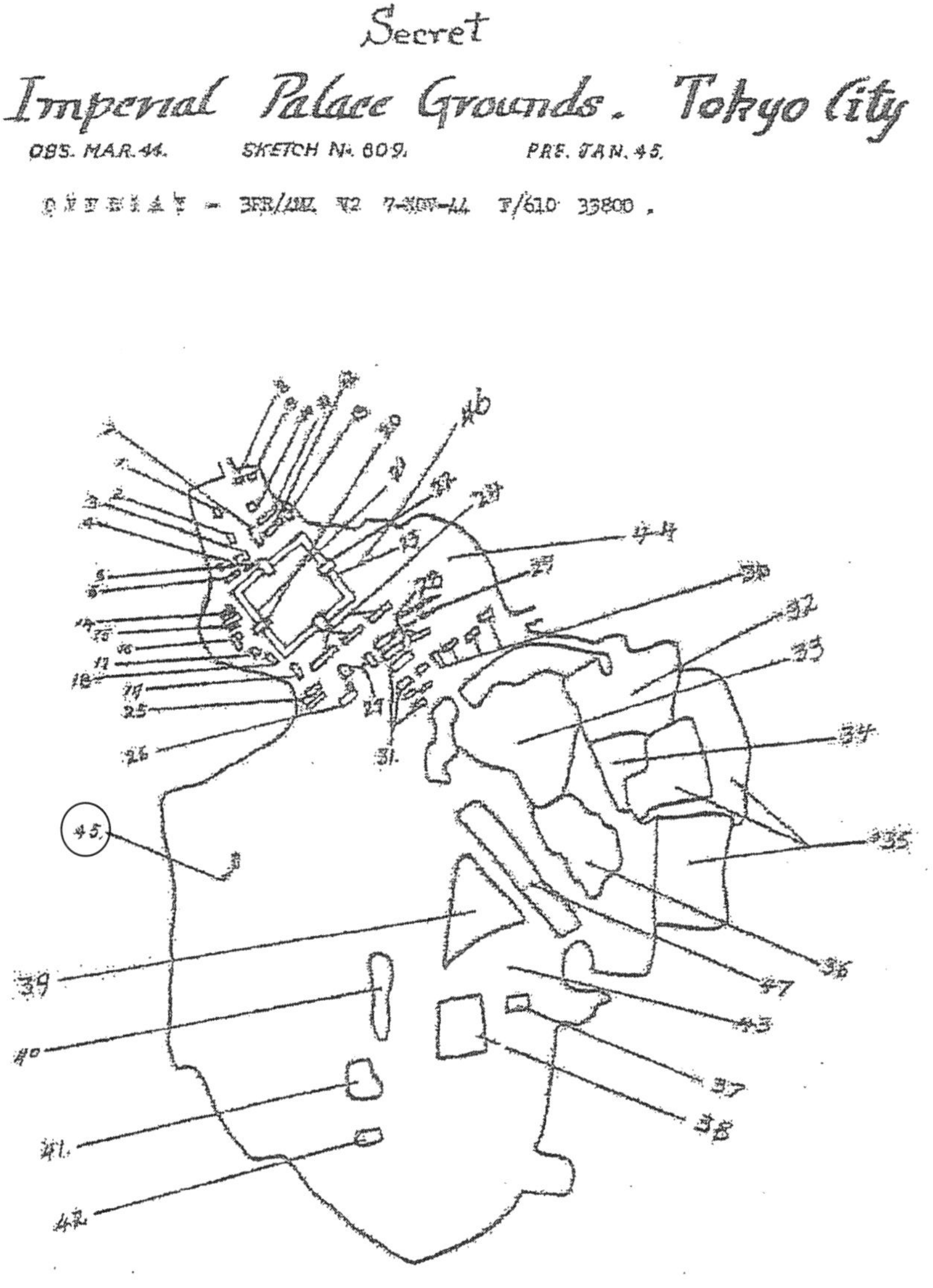

スケッチ・ナンバー809番「皇居地域・東京市」

1. AMMUNITION STORAGE.
2. GARAGE.
3. N.C.O. CLUBHOUSE.
5. TAILOR SHOP
4. ENLISTED MEN'S PX.
6. COBBLER SHOP
7. DISPENSARY
8. GUARD HOUSE.
9. VISITORS QUARTERS.
10. AMMUNITION STORAGE.
11. CLOTHING STORE.
12. OFFICER'S CLUBHOUSE.
13. ARMORY.
14. LATRINES.
15. RATION STORAGES.
16. KITCHEN.
17. BOILER PLANT.
18. GUNSMITH SHOP.
19. BATHHOUSE.
20. REGIMENTAL HEADQUARTERS.
21. BARRACKS.
22. REGIMENTAL HEADQUARTERS.
23. BARRACKS.
24. BARRACKS.
25. UNKNOWN.
26. DIV. HEADQUARTERS.
27. BARRACKS.
28. BARRACKS.
29. STABLES.
30. EDUCATIONAL DEPARTMENT.
31. BARRACKS.
32. BUREAU of the IMPERIAL MEWS
33. PRINCESSES' QUARTERS.
34. RIDING GROUND.
35. OLD CASTLE PROPER.
36. PRINCESSES' PLAYGROUND.
37. IMPERIAL KITCHEN.
38. IMPERIAL PALACE.
39. COURT LADIES' CHAMBERS.
40. IMPERIAL SANCTUARY.
41. RYOKIDEN.
42. WAR SOUVENIRS DEPARTMENT.
43. DEPARTMENT OF THE IMPERIA HOUSEHOLD.
44. INTENDENCE WAREHOUSES.
45. BOMB SHELTER.
46. KITCHEN, RATION STORAGES, LATRINES AREA.

Secret

RG165/390/35/12/4-6
Entry 79 Box 582
A-185

DECLASSIFIED
Authority NND750122
By NARA Date 5-21-07

1 弾薬庫
2 車庫
3 集会所
4 酒保（下士官兵用）
5 仕立屋
6 不明
7 医務室
8 衛兵所
9 家族面会所
10 弾薬庫
11 被服倉庫
12 将校集会所
13 武器庫
14 便所
15 糧食庫
16 烹炊所（炊事場）
17 ボイラー室
18 銃器修理部
19 浴場
20 近衛歩兵連隊本部事務室
21 兵舎
22 近衛歩兵連隊本部事務室
23 兵舎
24 兵舎
25 不明
26 近衛師団司令部
27 兵舎
28 兵舎
29 主馬寮（厩舎）
30 教育総監部
31 兵舎
32 主馬寮
33 呉竹寮
34 馬場
35 江戸城、二の丸・三の丸跡
36 呉竹寮遊び場
37 大膳寮
38 宮殿
39 お局（女官詰め所）
40 宮中三殿（実際は道灌濠から大道庭園のあたり）
41 綾綺殿
42 記念府（戦役記念御府）
43 宮内省
44 管理官倉庫
45 防空壕
46 烹炊所、食糧貯蔵庫、便所

45の防空壕は、終戦直前に御聖断が行われた地下室（＊45は御文庫のことで間違いか）

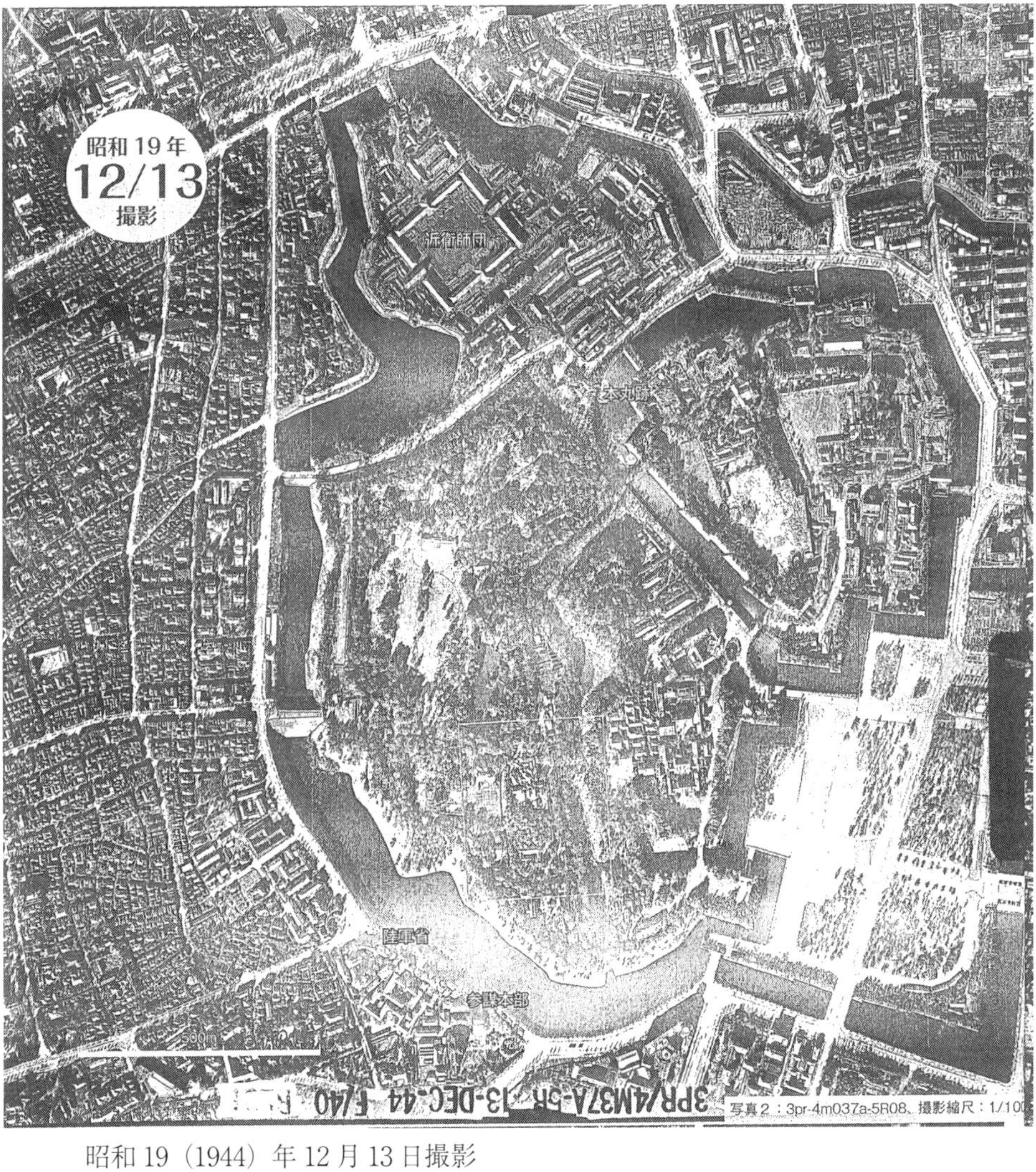

昭和19（1944）年12月13日撮影
昭和19年末に、宮城（現皇居）全域が撮影されている。近衛師団、参謀本部や陸軍省、江戸城本丸跡などの高射砲陣地も見える。
（『1945・昭和20年　米軍に撮影された日本』空中写真に遺された戦争と空襲の証言　p.10より）

㈡ 御文庫の南庭で撮影されたと思われる昭和天皇ご一家

(『東京人 2014 年 12 月号』p.33 より)

宮城内で昭和 18 年 10 月 31 日に撮影された天皇裕仁ご一家。

左から順宮さま(後の池田厚子さん)、照宮さま(後の東久邇成子さん)、孝宮さま(後の鷹司和子さん)、天皇裕仁、継宮明仁(今上天皇)、皇后良子(香淳皇后)、清宮さま(島津貴子さん)(提供・毎日新聞社)

(＊後方の建物が御文庫のようです。この撮影に関する記述は昭和天皇実録にはありません)

㈢　昭和二〇年八月二八日空中から撮影された御文庫の全景

（『米軍が見た東京 1945 秋』p.59 より）
中央の建物が御文庫

(四) 平成二七年八月一日　宮内庁公表資料

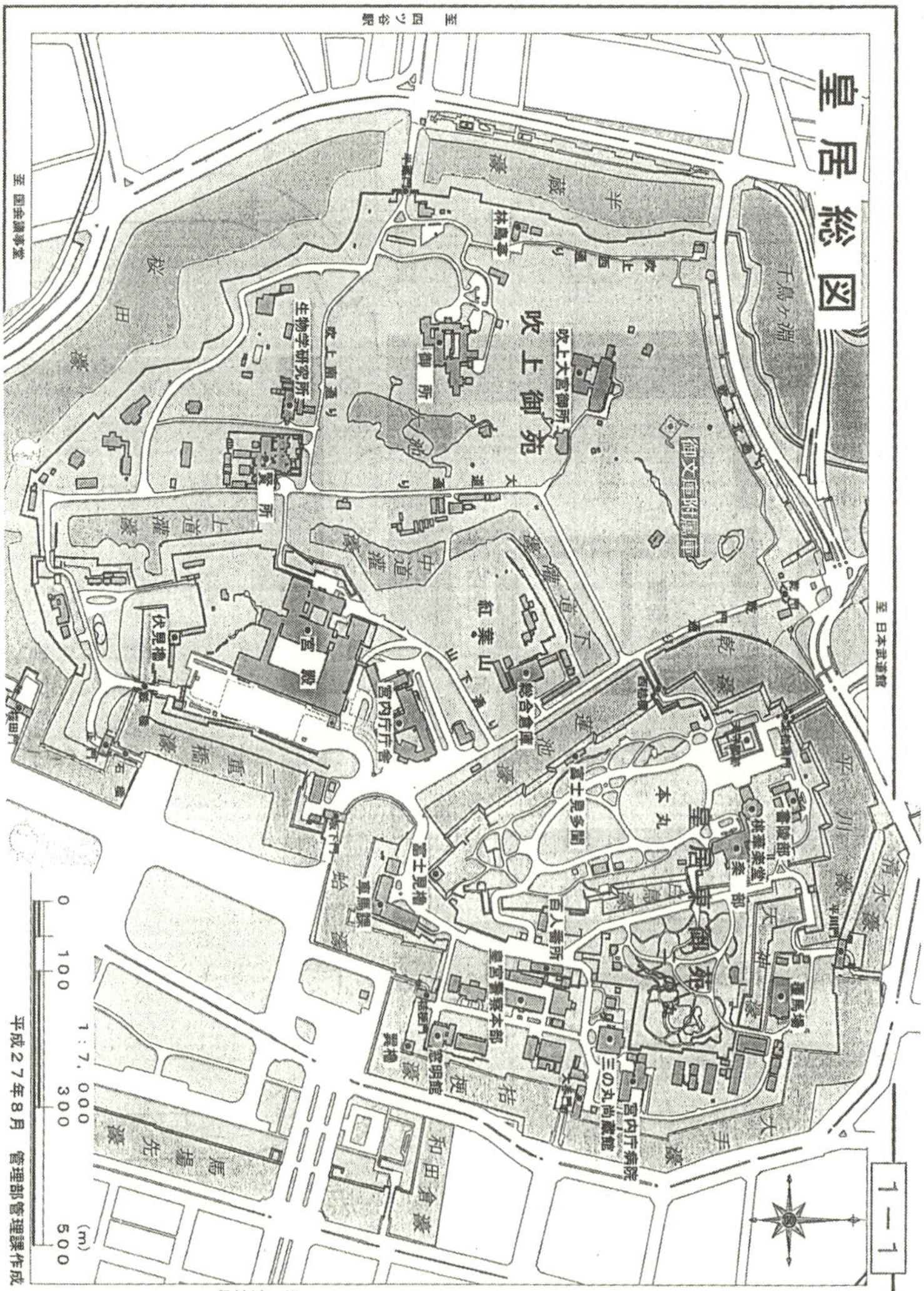

皇居総図

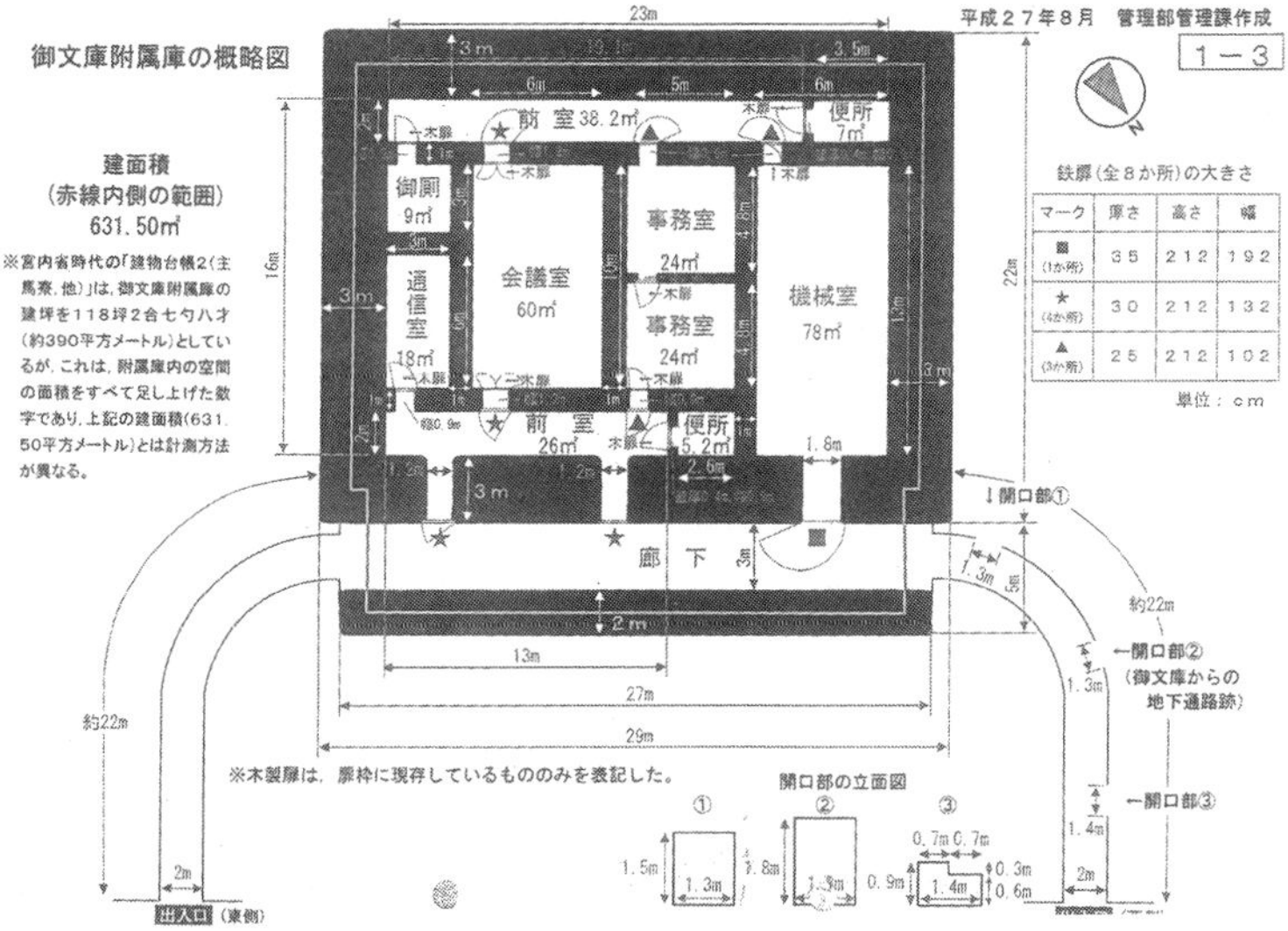

附属庫の概略図（＊「北」が下向きになっていますのでご注意）

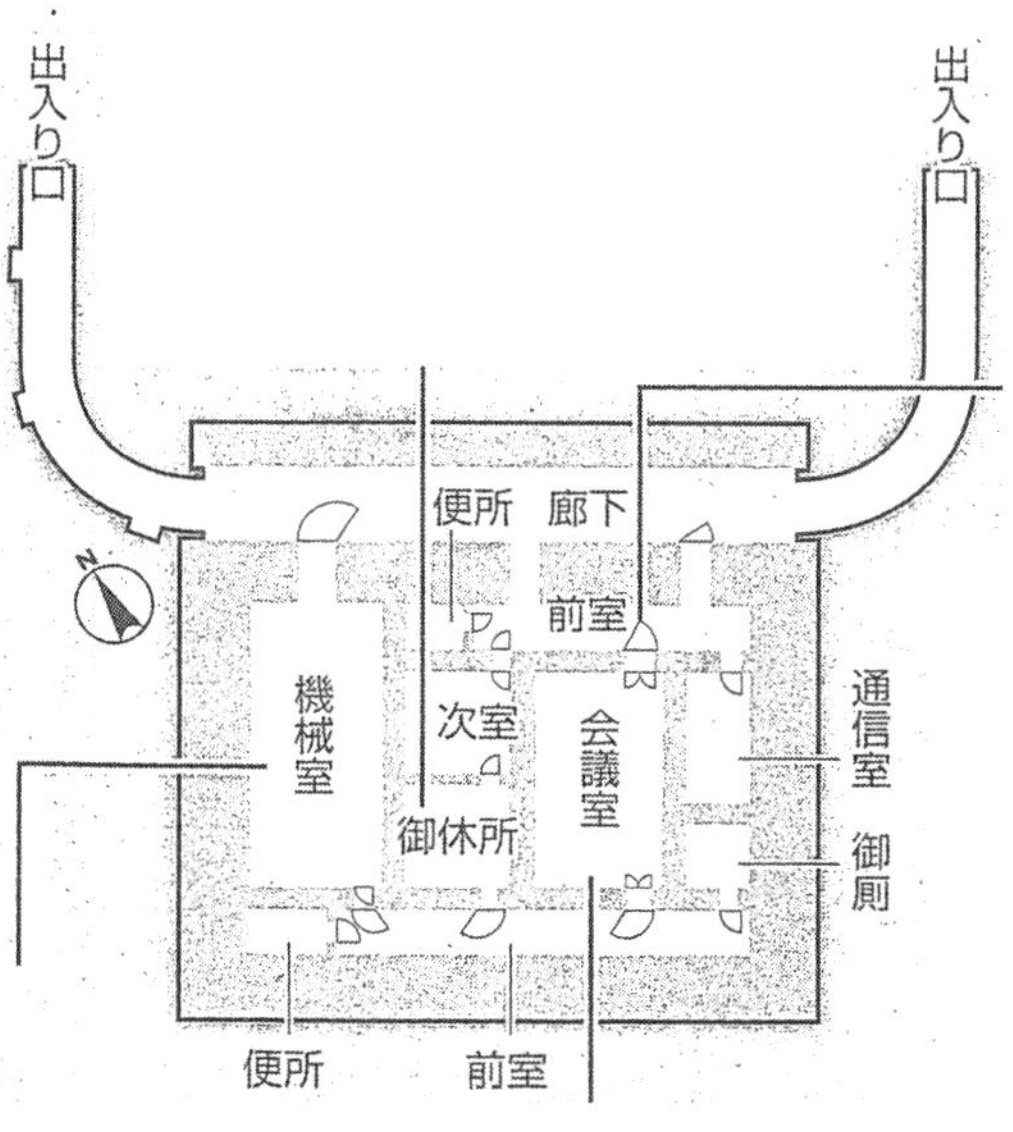

「北」を上向きにした参考図（読売新聞　2015 年 8 月 1 日付けより）

御文庫附属庫（いわゆる「防空壕」）について

1　御文庫附属庫について

(1)　建設目的・場所・構造等

○御文庫附属庫は、大本営会議室等の防空用施設として吹上御苑内に建設
・吹上御所から約一〇〇メートル（地下通路　長さ約一三五メートル）
○鉄筋コンクリート造りの地下室
・構造物全体六三一・五㎡
国有財産台帳には、部屋を囲う外壁の厚さ（防空壕のため分厚くなっている）の二分の一までを構造物の全体面積六三一・五㎡として登録
・壁の内部の部屋部分は、会議室六〇㎡（御前会議が開かれた部屋）、事務室二四㎡（二室）、機械室七八㎡、その他（廊下等）から構成
○昭和一六年八月一二日建設工事着工、同年九月三〇日陸軍築城本部から宮内省引継
○この建設工事は、非常時局への対応上、宮内省第二期庁舎（内廷庁舎）御金庫室（防空室としても御利用になられた）以外には防空用の予備施設がなかった現況に鑑み、吹上御苑内に建設中の「御文庫」（※）が完成するまでの間、第二期庁舎御金庫室の予備の防空壕として御利用に供するため、「陸軍戍

号演習」として、陸軍築城本部の指導の下、近衛第一師団の兵力により昼夜兼行の作業で実施

（※）御文庫について

・御文庫とは、防空用施設として吹上御苑内に造営された地上一階地下二階から成る施設（御文庫附属庫の着工に先立つ昭和一六年五月に造営工事に着手、完了は翌年七月（御文庫附属庫の竣工後）

・昭和一七年一〇月三日、昭和天皇は、御就寝に際し、初めて御文庫を香淳皇后と共に御使用になり、以後、土日には、しばしば御文庫において御就寝

・昭和一八年一月八日以後、昭和天皇と香淳皇后は、御文庫において起居（御文庫において工事の行われた同年二月二八日～三月三一日の間を除く）

(2)　御文庫と御文庫附属庫とを結ぶ連絡用の地下隧道について

○御文庫と御文庫附属庫を結ぶ連絡用の地下隧道は、昭和二〇年に整備され、その完成後、同年五月二〇日、昭和天皇が香淳皇后と共に御覧

○隧道は、戦後間もなく埋められたが、埋められた経緯、時期については不明

(3)　昭和二〇年の補強工事

○陸軍省が「一号演習」として、御文庫附属庫の補強工事を実施

○昭和二〇年六月五日地鎮祭・工事開始、同年七月二九日工事完了、同月三一日竣工式

2　御文庫附属庫で行われた行事、会議等

日付	午前／午後	昭和天皇の出御、臨御のもと、御文庫附属庫で行われた行事、会議等
昭和19年		
11月23日	午後	昭和天皇出御、新嘗祭（夕の儀、暁の儀）（防空のため神嘉殿代を設けて挙行）
12月31日	午後	昭和天皇出御、節折の儀
昭和20年		
6月2日	午前	枢密院会議、昭和天皇臨御（親臨の会議の場所として初の御文庫附属庫使用）
※8月8日	午後	空襲警報が発令され、昭和天皇は香淳皇后と共に初めて御文庫附属庫に御動座（去る８月３日、空襲警報発令の際には御文庫附属庫へ御動座頂くことを御聴許）
8月8日	午後	外務大臣が昭和天皇に拝謁し新型爆弾に関する敵側の発表とその関連事項、及び新型爆弾の投下を転機として戦争終結を決するべき旨を奏上。昭和天皇は、なるべく速やかに戦争を終結せしめるよう希望され、首相へも伝達すべき旨を御沙汰
※8月9日	午前	空襲警報が発令され、昭和天皇は香淳皇后と共に御文庫附属庫に御動座
8月10日	午前	最高戦争指導会議（首相・枢密院議長・海相・陸相・外相・参謀総長・軍令部総長・陸軍省軍務局長・海軍省軍務局長・総合計画局長官・内閣書記官長。侍従武官長陪席）、昭和天皇臨御、ポツダム宣言受諾の御聖断（同会議は御前会議ともいわれる。また、昭和天皇の臨御が８月10日午前零時３分で、８月９日から日付の変わった直後のた

		め8月9日深夜開催といわれることもある）
※8月10日	午前	空襲警報が発令され、昭和天皇は香淳皇后と共に御文庫附属庫に御動座
8月10日	午後	昭和天皇が、元首相（若槻・岡田・平沼・近衛・広田・東条・小磯）をお召しになり、内大臣を加え、時局に関する意見を御聴取（重臣会議ともいわれる）
※8月12日	午前	空襲警報が発令され、昭和天皇は香淳皇后と共に御文庫附属庫に御動座
8月12日	午後	昭和天皇が皇族をお召しになり、現下の情況、去る10日の御前会議の最後に自らポツダム宣言受諾の決心を下したこと、その理由を御説明
8月14日	午前	御前会議（最高戦争指導会議構成員の首相・外相・陸相・海相・参謀総長・軍令部総長・同会議幹事の内閣書記官長・陸軍省軍務局長・海軍省軍務局長、それ以外の閣僚、枢密院議長、法制局長官、総合計画局長官が列席）、昭和天皇臨御、首相が前回の御前会議以後の最高戦争指導会議、閣議の経過につき説明、改めて無条件受諾に反対する者の意見を御聴取の上、重ねて御聖断を下されたき旨を言上。参謀総長、軍令部総長、陸相の意見言上後、昭和天皇は、国内外の現状。彼我国力・戦力から判断して自ら戦争終結を決意したものにして、変わりはないこと等仰せられ、各自の賛成を求められる。また、自らラジオにて放送すべきことを述べられた後、速やかに詔書の渙発により心持ちを伝えることをお命じになる。
8月15日	午前	枢密院会議、昭和天皇臨御、ポツダム宣言受諾の枢密院の諒承等

（注）空襲警報発令に関係するものは※を付記

3　御文庫附属庫の現状

⑴　現在の財産区分

○御文庫附属庫については、戦後、皇居が皇室用財産とされたことに伴い、宮内庁が皇室用財産として国有財産台帳に登録して管理

○台帳上の記載は、「御文庫附属庫」

※「御文庫附属庫」の名称について

・御文庫附属庫について、昭和天皇実録は「御文庫附属室」と表記。これは昭和天皇実録の依拠資料においては「御文庫附属室」と表記されていたため。

・他方、戦後、宮内省を引き継いだ宮内庁が作成した「國有財産台帳・一般会計所属・皇室用財産」には「御文庫附属庫」として登録されているところ。

・このように御文庫附属庫については、「御文庫附属室」という名称も用いられているところであるが、「御文庫附属庫」として財産台帳に登録され現在に至っていることから、ここでは台帳に登録されている名称である「御文庫附属庫」を用いている。

（＊本書では「御文庫附属室」として表記しています）

(2)　御文庫附属庫の現状

○照明は壊れ、室内は真っ暗な状態
○長年にわたって雨水や泥等が流入
○換気施設はなく、構造物の内部には結露が発生
○金庫扉は錆が進行、トイレ等のタイルは剥落
○木製の壁や床の腐朽により、はがれた木材が散在し、足を踏み入れることは木材を損傷するだけでなく、危険
○防空壕の内部は動物（タヌキやハクビシン）のねぐらにもなっている模様

終わりに

昭和のひとつのクライマックスが終わりました。昭和の時代が、日本の歴史が大きく動いた一瞬です。願わくは、この歴史の大舞台となった「御文庫附属室」を、戦争遺跡として保存し、機会があれば公開し、過去の歴史を振り返り、現在・将来を考えるよすがにしてもらいたいものです。

この地下壕の建設に関わった人々、この歴史の舞台にさまざまな立場で登場した人々、いろんなことを思いながら本書をとりまとめました。

この御文庫附属室の地下壕は、松代大本営の地下壕と違い、軍だけの労力で建設されました。引用文にもありましたが、天皇の馬前で力を振り絞って、戦場同様に奮闘された様子がうかがえます。夜は市ヶ谷、飯田橋あたりの駅のアナウンスが聞こえるほどの静かなところで、一晩中、喧騒に包まれて作業が行なわれた様子が目の前にありありと浮かんできました。さまざまな人々の思いがこもっているのでしょう。

筆者も大量の資料を読みこなし、引用文をひきだしているうち、なんとなく、その時代の雰囲気・様相をおぼろげながら、感じてきました。独りよがりにならず、実際はどうであったのか。まだ生まれてもおらず、見たこともなく、知識も足りない時代の真相・実際がどうであったのか。もちろん、地下壕は舞台であり、そこで何が演じられ、何がおきたのか。それが重要なのは言うまでもありません。願わくは、その解明の一助にでもなればと思います。

本書を刊行するにあたり、不思議としか言いようのない、さまざまな資料と人との出会いがありました。歴史の神様のお助けとしか言いようのないことが多々ありました。個別のお名前は失礼させていただきますが、本当に有難うございました。

もし、できることなら、昭和百周年（二〇二六年）までに、この地下壕で起きたこと、その背景、終戦のいきさつを筆者なりにまとめたいと思っています。

お読みいただいたみな様、本当に有難うございました。何かのお役に立てれば幸いです。

平成三〇年四月二九日「昭和の日」に

梶原真悟

【本書に引用・収録した文献資料】

1 「岩波写真文庫五八　千代田城」岩波書店　一九五二年四月

2 「入江相政日記」第一巻　朝日新聞社　一九九〇年四月

3 「昭和初期の天皇と宮中 侍従次長河井弥八日記」高橋紘ほか編　岩波書店　一九九四年一、三月

4 「岡田啓介回顧録」　毎日新聞社　一九七七年一二月

5 「空の国防」陸軍省軍事調査部　一九三四年三月三〇日

6 「大東亜戦争全史」服部卓四郎　原書房　一九九六年六月

7 「本庄日記」原書房　一九八九年二月

8 「牧野伸顕日記」中央公論社　一九九〇年一一月

9 「戦史叢書「本土決戦準備（一）」「大本営陸軍部（十）」「本土防空作戦（十一）」防衛庁防衛研修所戦史室　朝雲新聞社　一九七四〜七五年

10 「松平恒雄追想録」　故松平恒雄氏追憶会　一九六一年一一月

11 「ある侍従の回想記」岡部長章朝日ソノラマ　一九九〇年二月

12 「中村四郎」中村四郎伝記刊行委員会　一九九二年二月

13 「昭和天皇実録」第七　第八　第九　第十　東京書籍　二〇一六年〜一七年

14 「シリーズその日の新聞　太平洋戦争開戦の日・終戦の日」大空社　一九九一年七月

15 雑誌「東京人」　二〇一四年二月号　一二月号　都市出版

16 「侍従武官城英一郎日記」山川出版社　一九八二年一月
17 「側近日誌」木下道雄文藝春秋　一九九〇年六月
18 「昭和史の天皇」（第一、二、四、七巻）売新聞社編　一九六七年九月〜一九六九年七月
19 「杉山メモ」参謀本部　原書房　一九八九年二月
20 「東條内閣総理大臣機密記録」（財）東京大学出版会　一九九〇年八月
21 「湯淺倉平」湯淺倉平伝記刊行会　一九六九年一二月
22 「人間昭和天皇」上　高橋紘　講談社　二〇一一年一二月
23 「徳川義寛終戦日記」朝日新聞社　一九九九年一一月
24 「天皇と昭和史」ねずまさし　三一書房　一九七四年七月
25 「小倉庫次侍従日記」半藤一利解説　文藝春秋二〇〇七年四月号
26 「侍従長の回想」　藤田尚徳　講談社　一九六一年一〇月
27 「背広の天皇」甘露寺受長　東西文明社　一九五七年九月
28 「侍従長の遺言」徳川義寛　聞き書き――岩井克己　朝日新聞社　一九九七年二月
29 「日本防空史」浄法寺朝美　原書房　一九八一年二月
30 「梶原美矢男資料　独立工兵第二十一連隊　東部第十五部隊　連隊史」在防衛省資料室　中央
――部隊歴史連隊――683
31 「同　独立工兵第二十一連隊　船舶工兵第七連隊　連隊史」在防衛省資料室　中央――部隊歴史
連隊――682

32 「東部第十五部隊　独立工兵第二十一連隊　在隊の思い出集」梶原美矢男　赤羽奉賛会　平成十二年正月
33 「日本のいちばん長い日」半藤一利　文藝春秋　一九九五年六月
34 「朝日新聞　二〇〇九年一月一日」付七面「京都御所」「降伏の御前会議　防空壕で」
35 「天皇裕仁」河出人物読本　一九八三年四月
36 「終戦史録　五」外務省編　北洋社　一九七八年三月
37 朝日新聞縮刷版　昭和二〇年四月二七日」付
38 「木戸幸一日記」下巻　(財) 東京大学出版会　一九六六年七月
39 高松宮日記」第四巻　高松宮宣仁親王　中央公論社　一九九七年七月
40 「戦藻録」宇垣纏　原書房　一九六八年一月
41 「昭和を語る」(財) 昭和聖徳記念財団　扶桑社　二〇〇三年七月
42 「雲の上、下　思い出話」竹田恒徳　東京新聞出版局　一九八七年一〇月
43 「昭和天皇独白録」文芸春秋　一九九五年七月
44 「聖断」半藤一利　ＰＨＰ研究所　二〇〇三年八月
45 「陛下、お尋ね申し上げます――記者会見全記録と人間天皇の軌跡」高橋紘　文春文庫　一九八八年三月
46 「鈍行列車キハ60」岡本喜八　一九八七年四月
47 「トレーシー　日本兵捕虜秘密尋問所」中田整一　講談社　二〇一二年七月

48 「一九四五・昭和二〇年米軍に撮影された日本」日本地図センター　二〇一五年八月
49 「米軍が見た東京一九四五秋」佐藤洋一　洋泉社　二〇一五年一二月
50 読売新聞　二〇一五年八月一日　御文庫概略図
51 御文庫附属庫写真（平成二七年八月一日）

【編著者紹介】
梶原真悟（かじわら しんご）
昭和 24 年　　　岡山県生まれ
昭和 48 年 3 月　早稲田大学政治経済学部卒業
不動産鑑定士、税理士。仕事のかたわら歴史研究にとり組む。
〔連絡先〕
メールアドレス　tikago200815@yahoo.co.jp
FAX　03-3425-7750

昭和天皇の地下壕
「（吹上）御文庫附属室―大本営会議室（地下壕）」の記録
定価（三〇〇〇円＋税）

平成三〇（二〇一八）年五月一二日　初版発行

編著者　梶原真悟
発行者　梶原真悟
発売所　株式会社 八朔社（はっさくしゃ）
一〇一－〇〇六二　東京都千代田区神田駿河台一の七の七
電　話　〇三―五二四四―五二八九
ＦＡＸ　〇三―五二四四―五二九八
印刷所　中央精版印刷株式会社
制　作　西神田編集室
装幀者　閏月社　徳宮峻

ISBN978-4-86014-089-2 C1020　¥3000E
乱丁・落丁本は発売所にてお取り替えいたします